Hofacker | Rolling Stones. 100 Seiten

* Reclam 100 Seiten *

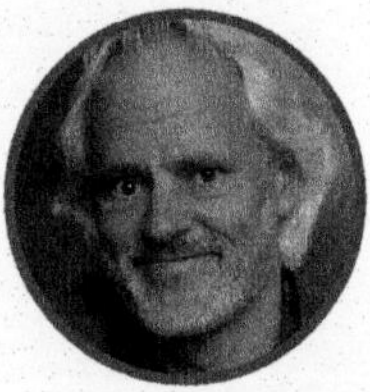

ERNST HOFACKER, geb. 1957, gehört zu den profiliertesten Musikjournalisten des Landes; 2013 wurde er als »Fachjournalist des Jahres« ausgezeichnet.

Ernst Hofacker

Rolling Stones. 100 Seiten

Reclam

2., durchgesehene Auflage

2018 Philipp Reclam jun. Verlag GmbH,
Siemensstraße 32, 71254 Ditzingen
Umschlaggestaltung nach einem Konzept von zero-media.net
Infografik (S. 71 f.): Infographics Group GmbH
Bildnachweis: S. 2 Mit freundlicher Genehmigung der Bauer München Redaktions KG / Bauer Media Group; S. 21 Tracksimages.com / Alamy Stock Photo; S. 33 Photo by Dove / Express / Getty Images; S. 49 Photo by K & K Ulf Kruger OHG / Redferns
Druck und Bindung: Canon Deutschland Business Services GmbH,
Siemensstraße 32, 71254 Ditzingen
Printed in Germany 2018
RECLAM ist eine eingetragene Marke
der Philipp Reclam jun. GmbH & Co. KG, Stuttgart
ISBN 978-3-15-020523-5

Auch als E-Book erhältlich

www.reclam.de

Für mehr Informationen zur 100-Seiten-Reihe:
www.reclam.de/100Seiten

Inhalt

Sehnsuchtsort: Fever in the Funkhouse now

Dichte schwarze Haarsträhnen bis hinunter zu den Augenbrauen. Mager und knochig die Gesichtszüge. Harter Mund, kantiges Kinn. Riesige Pilotensonnenbrille, metallgerahmt. Und dahinter, gerade noch zu erkennen, der konzentriert in die Ferne gerichtete Blick. Dieser Mann sieht Dinge, die uns dieses Foto nicht zeigen kann.

Die Botschaft des körnigen Schwarz-Weiß-Porträts musste niemand erklären. Sie lautete: Mir kann keiner was. Und so war's ja auch. Zu sehen war das Foto auf Seite 16 der Bravo-Ausgabe Nr. 50 aus dem Jahr 1971. In fetten Lettern die Überschrift: »Keith Richard, der letzte Rebell«.

Damals hatte er seinem Namen das zu Beginn der Rolling-Stones-Karriere verloren gegangene »s« noch nicht wieder hinzugefügt. Die Unterzeile des Berichts lautete: »Bravo sprach mit dem Mann, der das Schicksal der Stones in den Händen hält.« Und sie zitierte ihn mit großen Buchstaben: »›Die sogenannte feine Gesellschaft finde ich zum Kotzen!‹« Mit Ausrufezeichen.

Noch Fragen? Wohl eher nicht. Schon gar nicht für den 14-jährigen Teenager, der ich damals war. Zumal da noch ein kleines Foto eingeklinkt war. Es zeigt Richards auf einer

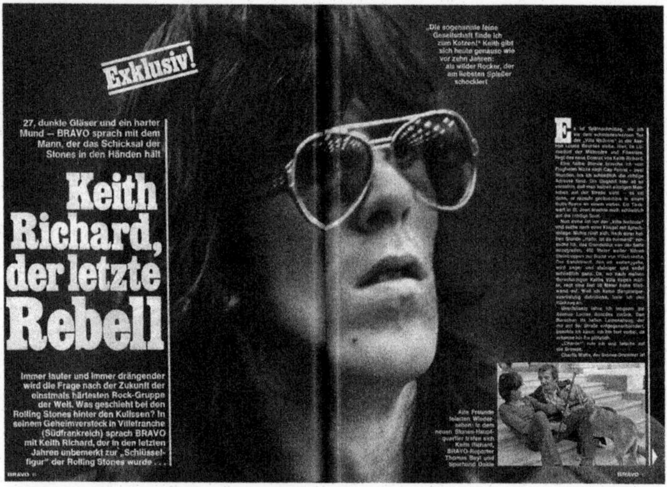

Exklusiv!

27, dunkle Gläser und ein harter Mund – BRAVO sprach mit dem Mann, der das Schicksal der Stones in den Händen hält

Keith Richard, der letzte Rebell

Immer lauter und immer drängender wird die Frage nach der Zukunft der einstmals härtesten Rock-Gruppe der Welt. Was geschieht bei den Rolling Stones hinter den Kulissen? In seinem Geheimversteck in Villefranche (Südfrankreich) sprach BRAVO mit Keith Richard, der in den letzten Jahren unbemerkt zur „Schlüsselfigur" der Rolling Stones wurde …

„Die sogenannte feine Gesellschaft finde ich zum Kotzen!" Keith gibt sich heute genauso wie vor zehn Jahren: als wilder Rocker, der am liebsten Spießer schockiert

Bravo im Dezember 1971: Hausbesuch bei Keith Richards in Villefranche-sur-Mer

Marmortreppe sitzend, zurückgelehnt, entspannt. Zerschlissene Jeans, Wildlederstiefel, Kette, Amulett und ein lässiges T-Shirt. Richards spielt mit einem Gehstock. Neben ihm sitzt ein Mann auf einer Treppe, der ihn konzentriert anblickt, offensichtlich auf ihn einredet und dabei die Hand auf den Nacken eines schwanzwedelnden Retrievers legt. Er beugt seinen Oberkörper hinüber zu Richards. Fast scheint er ihn zu bedrängen, und doch hat seine Haltung etwas Devotes. Er möchte gefallen.

Bravo-Chefreporter Thomas Beyl hatte die Rolling Stones bereits auf ihrer ersten Deutschlandtournee im September 1965 begleitet und verfügt seitdem über einen exklusiven Zugang zur Band. Beyl ist unser Mann in der geheimnisvollen Parallelwelt der Rockmusik. Mit gescheiteltem Fassonschnitt, korrektem Sakko und gestärktem Hemdkragen aber wirkt er neben Richards wie das, was er ist: ein Eindringling aus einer bürgerlichen Welt. Richards richtet den Blick auf den Stock, seine Körperhaltung signalisiert gelassene Skepsis, gelangweilte Distanz.

Auf den folgenden Seiten weitere Fotos, eins mit Richards und Lebensgefährtin Anita Pallenberg, der coolsten Blondine ihrer Zeit, und eins mit Richards als liebevollem Papa, der sich um den zweijährigen Sohn Marlon kümmert. Der Rest: Beyls Bericht von seinem Besuch in Richards' Domizil Nellcôte in Villefranche-sur-Mer an der französischen Riviera, abwechselnd als »Geheimversteck« des Musikers und als »neues Stones-Hauptquartier« ausgewiesen.

Nach der Lektüre weiß der 14-Jährige: Den Stones geht es gut, sie werden sich nicht, wie im Jahr zuvor die Beatles, trennen. Und im Unterschied zu Jimi Hendrix, Janis Joplin und Jim Morrison, die allesamt in den 15 Monaten zuvor gestorben sind, haben die Stones überlebt (obgleich auch sie mit Brian Jones den Verlust einer Sixties-Symbolfigur zu beklagen haben). Nun arbeiten sie an einer neuen Platte, und Richards ist derjenige, der das musikalische Zepter schwingt.

Was zählte an jenem trostlos grauen Dezembertag des Jahres 1971, als meine Mutter mir heimlich – Vater durfte das nicht wissen – die Bravo aus dem Zeitschriftenladen mitbrachte: Ich hatte einen neuen Helden. Dabei kannte ich die Musik der Rolling Stones noch kaum. Ein paar von ihren Hits hatte ich gehört, natürlich auch den aktuellen, »Brown Sugar«. Popmusik zu hören bedeutete in diesen Tagen einen subversiven Akt. Jedenfalls in der kleinen Welt eines Teenagers, der mit den Anforderungen der Erwachsenen klarkommen, morgens früh aufstehen, in der Schule irgendwie mithalten und rund um die Uhr gute Miene zu dem bösen Spiel machen musste, das sie Erziehung nannten.

Nicht dass Popmusik per se von Umsturz, Revolution und Aufbegehren gehandelt hätte. Auch auf dem Höhepunkt der sogenannten Gegenkultur der 1960er- und 1970er-Jahre tat sie das nur in den seltensten Fällen. Aber ihre Lieder handelten von uns und unseren Gefühlen. Das spürten wir, auch wenn wir die Texte kaum verstanden. Es waren der Ton, die Aggressivität, die Lust am Leben und der mitschwingende Sex, von dem wir noch kaum ahnten, was das sein könnte, die – im Wortsinne – die Musik spielten. Und es waren die Bilder derer, die diese Musik machten. Zum Beispiel die Stones. Immer schon waren sie eine Band gewesen, die man nicht nur hören, die man vor allem auch sehen musste: Diese Typen mussten die Zunge, die sie neuerdings als Bandlogo führten, gar nicht herausstrecken. In den Augen eines jeden anständigen Bürgers waren schon ihre faszinierend hässlichen Gesichter Affront genug. Diese Band war mächtig genug, Konventionen zu ignorieren.

Und sie war offenbar steinreich. In Beyls Artikel war die Rede von einem »langgestreckten weißen Marmorpalast« im »Luxusdorf der Millionäre und Filmstars«, wo man »keinen einzigen Menschen auf der Straße sieht – es sei denn, er rauscht geräuschlos in einem Rolls-Royce an einem vorbei«. Das Bild verkündete den Sieg der Rockmusik über das Jammertal der grauen Anzüge, des Gehorsams und der heiligen Pflicht.

Der Typ mit der Sonnenbrille war einer dieser Gewinner. Seine Botschaft: Wir sind jung, wir haben Recht, und wir werden den längeren Atem haben. Richards ließ das Establishment die Arroganz seiner Macht spüren. Er war es, der nicht nur in Nellcôte die Regeln bestimmte, er hatte mit den Stones einen Status erreicht, der die Band unabhängig machte von denen da oben. Das zumindest glaubte ich und mit mir Millionen weiterer Fans.

Ich betrachtete die Fotos in Bravo und las Zitate wie »Bei den Stones gibt es keinen Boss!« oder »Ich lebe, wie es mir gefällt!«. Ihre Platten würde ich mir nach und nach besorgen. Die Stones waren nun meine Verbündeten.

Exil im Führerbunker

Lässt man die Geschichte der Rolling Stones Revue passieren, stößt man auf Legenden zuhauf: der Bahnsteig in Dartford, auf dem sich Richards und Jagger zuerst getroffen haben, die Bruchbude in Edith Grove, die Redlands-Drogenrazzia, Altamont, der Cocksucker Blues, nicht zu reden von den vielen großen und kleinen Zwischenfällen, die in der Bandchronik verzeichnet sind.

In keinem der vielen Mythen aber bündeln sich Geschichte, Haltung und Seele der Rolling Stones stärker als in dem, der mit der Entstehung des Doppelalbums *EXILE ON MAIN ST.* im Jahr 1971 zusammenhängt. Tatort: Nellcôte, die von Keith Richards im französischen Villefranche-sur-Mer an der Côte d'Azur gemietete Jugendstilvilla. Während des Zweiten Weltkriegs sollen sie die Nazis als Quartier genutzt haben. Richards: »Es war, als würden wir versuchen, im Führerbunker ein Album aufzunehmen.« Heraus kam dabei *das* Meisterwerk der Band.

Kurz vor Weihnachten 1971 ahnte ich das so wenig wie die Tatsache, dass Nellcôte schon wieder Geschichte war: Richards und seine Entourage hatten das Anwesen im Oktober fluchtartig verlassen müssen – die örtliche Polizei hatte den Hausherrn im Visier. *EXILE ON MAIN ST.* wurde zu Beginn des Folgejahres in den Sunset Sound Studios in Los Angeles fertiggestellt und erschien am 12. Mai 1972.

Die Sessions in Nellcôte jedoch wurden zu einem der langlebigsten und faszinierendsten Mythen in der Ära der klassischen Rockmusik. Sie markieren den Moment, als die Rolling Stones die coolste Gang des Planeten waren. Für ihre Fans sowieso. Doch auch sie selbst begannen das nun zu glauben. Der geradezu monarchische Pomp, mit dem sie sich auf ihrer 1972er-US-Tournee selbst feierten und feiern ließen, hat die bis heute gültigen Maßstäbe für das gesetzt, was man unter einem Rockstar versteht. Dass die Stones diese Phase ihrer Karriere überlebten, als sie gottgleichen Status genossen, dionysische Exzesse zelebrierten und jegliche Bodenhaftung verloren zu haben schienen, erstaunt. Daran sind schließlich genug große Musiker, die mit weniger Ruhm und Reichtum auskommen mussten, zerbrochen. Die Erklärung gab Keith Richards selbst, als er einmal bemerkte: »Sex, Drugs, Rock 'n' Roll? Haben wir alle drei erfunden!« Um dann grinsend zu ergänzen: »Wenn du das glaubst, glaubst du jeden Scheiß!« Immer schon wussten die Stones, dass der Begriff Showbusiness eben aus zwei Worten besteht – Show und Business.

Fans brauchen Helden, Images, Träume und Emotionen. Plus Rock 'n' Roll. Der 14-jährige Teenager fand all das an jenem tristen Dezembertag des Jahres 1971 an einem Sehnsuchtsort namens Nellcôte. Von diesem Moment an waren die Rolling Stones meine Lieblingsband. Sie sind es geblieben.

Aufstieg: Confessin' the Blues

Man schrieb den Herbst des Jahres 1961. Die offizielle Geschichtsschreibung hat sich inzwischen auf den 17. Oktober geeinigt, vielleicht aber war es auch ein paar Tage früher oder später. So genau legen sich die Beteiligten da nicht fest.

Mike Jagger, gerade 18 Jahre alt, und Keith Richards, noch 17, stehen am frühen Morgen auf dem Bahnsteig 2 des Bahnhofs von Dartford. Der eine will nach London, um dort als eifriger Erstsemester an der renommierten London School of Economics in die Geheimnisse des Wirtschaftslebens einzudringen. Der andere befindet sich auf seinem täglichen Weg zur Sidcup Art School, wo er den Unterricht mal wieder zu schwänzen gedenkt, um sich mit gleichgesinnten Mitschülern in der Kunst des Gitarrenspiels fortzubilden.

Mick Jagger (Gesang, Gitarre, Harp, Keyboards), geboren am 26. Juli 1943 in Dartford (Kent), 1,78 m, Rolling Stone seit 1962, zwei Mal verheiratet, acht Kinder von fünf Frauen; lässt in jedem seiner Häuser die viktorianische Haushaltsbibel *Mrs. Beeton's Book of Household Management* auslegen.

Keith Richards (Gesang, Gitarre, Bass, Klavier), geboren am 18. Dezember 1943 in Dartford (Kent), 1,74 m, Rolling Stone seit 1962, seit 1983 mit Patti Hansen verheiratet, vier Kinder von zwei Frauen, ist bis auf vier Tage bei der Post im Dezember 1961 nie einer geregelten Arbeit nachgegangen.

Die beiden Jünglinge kennen sich zwar bereits seit Kindertagen. Für kurze Zeit sind sie sogar gemeinsam in dieselbe Klasse der Wentworth Primary School gegangen und sich seitdem gelegentlich über den Weg gelaufen, ansonsten aber haben sie nichts miteinander zu tun. Und beide haben nicht die blasseste Ahnung, dass sie an jenem Morgen einen Bruder im Geiste finden und von nun an einen gemeinsamen Kreuzzug für ihre Leidenschaft, den schwarzen amerikanischen Blues, starten werden, der sie ein Leben lang aneinanderschweißen wird.

Der Zeugungsakt der Rolling Stones, die genau neun Monate später ihren ersten öffentlichen Schrei im Londoner Marquee Club tun werden, lässt sich auf die Millisekunde genau festlegen: Es ist der Moment, als Keith Richards auf jenem Bahnsteig unter dem Arm des entfernten Bekannten Mike Jagger zwei Plattencovers entdeckt. In seiner Autobiographie *Life* (Heyne 2010) schreibt er dazu: »Wenn ich mit einem Kerl, der *ROCKIN' AT THE HOPS* von Chuck Berry auf Chess Records und auch noch *THE BEST OF MUDDY WATERS* unterm Arm trägt, in einen Waggon steige, dann müssen wir uns einfach verstehen. Ich meine, er besaß den Piratenschatz von Henry Morgan. Er hatte das echte Zeug. Und ich keine Ahnung, wie ich drankomme.«

Heute kaum vorstellbar, damals aber Tatsache: Amerikanischen Blues gab es in England nicht zu kaufen. Überhaupt, Schallplatten bekam man allenfalls in Elektrogeschäften. Das karge Angebot in den ein oder zwei Kisten, die dort zwischen Radios und Staubsaugern gestapelt waren, bestand gewöhnlich aus wenigen gerade populären Hitsingles und einer lückenhaften Sammlung von Alben der beliebtesten Musicals, Operetten, Comedy- und Klassikaufnahmen. Für den Blues, der zu diesem Zeitpunkt auch in seiner amerikanischen Heimat ein trostloses Mauerblümchendasein fristete, erwärmte sich in England nur ein verschwindend kleines Grüppchen ethnologisch interessierter Studenten. Plus ein paar versprengte Halbwüchsige, die, ausgehend von einigen Rock 'n' Roll-Hits der 1950er-Jahre, den Pfad zurück zu den Ursprüngen dieser Musik verfolgten und so auf die schwarzen Originale stießen. Kaum einer von ihnen, schon gar nicht die Vorstadt-Teenager Jagger und Richards, ahnte, dass es außerhalb des eigenen Bekanntenkreises noch weitere Bluesfans geben könnte. Und das erklärt die Euphorie des jungen Keith Richards, der an jenem Morgen auf dem Bahnsteig in Dartford glaubte, den Schatz des legendären Captain Morgan gefunden zu haben.

Mike und Keith treffen sich nun regelmäßig und versuchen sich im heimischen Wohnzimmer mit dem gemeinsamen Bekannten Dick Taylor an Bluessongs. Mike singt und startet erste Versuche auf der Mundharmonika. Keith und Dick spielen Gitarre. So erarbeiten sich die Drei ein bescheidenes Repertoire mit Bluesnummern von Jimmy Reed, aber auch Rock 'n' Roll von Chuck Berry, Buddy Holly und Richie Valens.

Mit Bob Beckwirth und Alan Etherington stoßen zwei weitere Bluesenthusiasten dazu, die Wohnzimmer-Combo nennt sich nun »Little Boy Blue & The Blue Boys«. Um öffentliche

Auftritte bemühen sie sich allerdings nicht, ebenso machen sie einen großen Bogen um den in den späten 1950er-Jahren populären Skiffle, der ein paar hundert Kilometer weiter nördlich in Liverpool beispielsweise die Beatles zusammengebracht hatte. Zweifellos haben die Blue Boys mehr von einer geheimen Bruderschaft als von einer konventionellen Coverband.

Im März 1962 entdecken Mike, Keith und Dick, dass draußen in Ealing, einem westlichen Stadtteil von London, ein Bluesclub seine Pforten öffnet. Für die drei Bluesjünger ist dieses zarte Pflänzchen in der musikalischen Wüstenlandschaft jener Tage eine Sensation: Tatsächlich soll der Ealing Club, ein enges, feuchtes Kellerloch unter einer Bäckerei, nun zur Keimzelle einer neuen musikalischen Zeitrechnung werden. Am 17. März eröffnet er mit einem Konzert der von dem Halbgriechen Alexis Korner geleiteten Hausband Blues Incorporated. Vier Tage später erscheint im Fachmagazin *Jazz News* ein kleiner Artikel über den Ealing Club, der Mike und Keith nicht entgeht. So ganz allein ist ihre Blues-Bruderschaft also doch nicht.

Am 7. April ist es soweit, die Blues Brothers aus Dartford statten Ealing ihren ersten Besuch ab – und begegnen dort einem Jungen, der in ihrem Leben von nun an eine entscheidende Rolle spielen wird: Brian Jones.

Brian Jones (Gitarre, Gesang, Harp, Keyboards, Marimba, Sitar, Saxophon), geboren am 28. Februar 1942 in Cheltenham (Gloucestershire), gestorben am 3. Juli 1969 in Hartfield (Sussex), 1,68 m, Rolling Stone von 1962–1969, fünf Kinder von fünf Frauen; hatte ein Faible für Busse, restaurierte eine Straßenbahn und jobbte mal als Schaffner.

Der blonde Herumtreiber aus Cheltenham wird von Korner auf die Bühne gebeten, um mit »Dust My Broom« eine Nummer seines Idols, des amerikanischen Slidegitarristen Elmore James, zum Besten zu geben (zwar stammt der Song von Robert Johnson, James aber hatte ihn 1951 bekannt gemacht). Jones, der sich den Künstlernamen »Elmo Lewis« zugelegt hat, bringt mit seiner Bottleneckgitarre einwandfreien Chicago Blues auf die Bühne, und Jagger sowie Richards klappt die Kinnlade herunter. Schüchtern nehmen sie mit dem anderthalb Jahre älteren Lewis/Jones Kontakt auf. Man beschnuppert sich, und schnell ist klar, dass eine gemeinsame Band entstehen soll.

Per Anzeige findet Jones den Pianisten Ian Stewart und den Drummer Tony Chapman, die Dinge beginnen nun Form anzunehmen. »Alexis Korners Blues Incorporated« hat neben dem Job als Hausband des Ealing Clubs auch regelmäßige Auftritte im Marquee Club auf Sohos Oxford Street.

Ian Stewart (Klavier), geboren am 18. Juli 1938 in Pittenweem (Fife), Schottland, gestorben am 12. Dezember 1985 in London, ca. 1,71 m, Rolling Stone 1962–1963, ein Sohn aus geschiedener Ehe; ihm wurde die Detektivfigur John Rebus von Ian Rankin nachempfunden.

Am 12. Juli 1962 allerdings ist die Band wegen eines Auftritts beim BBC-Radio verhindert. Als Ersatz empfiehlt Korner dem Marquee-Management die gerade gegründete Gruppe seines Protegés Brian Jones. Und der ruft umgehend bei *Jazz News* an, um die Live-Premiere seiner Band zu vermelden. Nur: Einen Namen hat die Gruppe noch nicht. Während des

Telefonats mit der Redaktion fällt Jones' Blick auf das herumliegende Best-of-Album von Muddy Waters, in dessen Tracklisting der Song »Rollin' Stone Blues« aufgeführt ist. Bingo – und spontan tauft er seine Band »The Rollin' Stones«. Unter diesem Namen, ohne »g« und mit Apostroph, präsentieren sich Jones, Jagger, Richards, Stewart und Tony Chapman, unterstützt von einer weiteren Gruppe um den jungen R 'n' B-Sänger Long John Baldry, an jenem 12. Juli erstmals einem zahlenden Publikum (wobei sich die Beteiligten bis heute nicht einig sind, ob Chapman oder Aushilfsdrummer Mick Avory trommelte, der später mit den Kinks berühmt werden sollte).

Kein Mensch kann an diesem Abend ahnen, dass auf der kleinen Bühne kommende Superstars stehen. Im Gegenteil, die blassen, ausgemergelten Jünglinge mit ihrer sonderbaren Musik wirken eher wie ein Fall für die staatliche Hungerhilfe. Wenig später ziehen Mike, Brian und Keith in eine heruntergekommene Mietwohnung auf der Edith Grove in Chelsea. Keith hat die Schule geschmissen und Brian ohnehin nichts zu tun. Also verbringen die beiden ihre Tage damit, bei Bekannten US-Bluesplatten zu klauen, deren Songs bis auf den letzten Ton zu sezieren und sämtliche darauf zu hörenden Gitarrentricks und -licks zu entschlüsseln. Mike besucht derweil tagsüber die LSE. Abends aber stehen nun immer häufiger Auftritte auf dem Plan (und bei denen nennt Mike sich nun Mick, weil das amerikanischer klingt). Von Monat zu Monat hat die Band mehr Gigs, im September und Oktober noch sind es gerade mal je fünf, im November schon zwölf, im Dezember gar 16. Die Bluesszene der Stadt wächst, und ihr Zentrum bildet sich in den westlichen Bezirken wie Ealing, Richmond und Twickenham.

Die Stones finden in diesem Winter ihre endgültige Schlachtordnung: Dick Taylor geht im November und wird durch Bill Wyman ersetzt, der allerdings vor allem wegen seines teuren Verstärkers aufgenommen wird.

Bill Wyman (Bass, Keyboards, Gesang), geboren am 24. Oktober 1936 als William George Perks Jr. in Lewisham (London), 1,68 m, Rolling Stone von 1962–1993, in dritter Ehe mit Suzanne verheiratet, vier Kinder von zwei Frauen; der Hobby-Archäologe will mit mehr als 1000 Frauen geschlafen haben.

Anders Charlie Watts: Seit Monaten schon ist er der Wunschkandidat für den Schlagzeughocker, bislang aber ziert er sich. Kurz nach Neujahr 1963 endlich lässt er sich auf das Abenteuer ein, und am 12. Januar stehen die Rolling Stones erstmals in der Besetzung auf der Bühne des Ealing Club, die weltberühmt werden soll.

Charlie Watts (Schlagzeug, Percussion), geboren am 2. Juni 1941 in Kingsbury (London), 1,73 m, Rolling Stone seit 1963, verheiratet mit Shirley seit 1964, eine Tochter; züchtet Vollblutaraber und sammelt Maßanzüge sowie Oldtimer, obwohl er gar keinen Führerschein besitzt.

Die Startphase der Rolling Stones verrät viel über die damalige Szene: Zunächst einmal schöpft Brian Jones das Personal für seine Band aus einem embryonal kleinen Netzwerk, das Korner behutsam, engagiert und mit großen kommunikativen Fähigkeiten aufpäppelt. Man trifft sich in den immer gleichen drei, vier Clubs, die als Anlaufstellen für die wachsende Zahl von Bluesfans wie auch für die vielleicht zwei, drei Dutzend junger Musiker dienen, die diese Klänge auf die Bühne bringen wollen.

All das geschieht vor popmusikalisch trostlosen Kulissen. Die Stones und mit ihnen die paar jungen Männer, die um die Jahreswende 1962/63 ernsthaft nach einer eigenen Lesart des amerikanischen Blues, Rock 'n' Roll und Rhythm 'n' Blues suchen und so die Grundlagen für die moderne Rockmusik legen werden, stehen allein auf weiter Flur. Auf den Bühnen der Stadt dominiert der alte New Orleans Jazz, der seine besten Zeiten ein halbes Jahrhundert zuvor erlebt hat. Pop, Rock 'n' Roll, R 'n' B und ähnlichen »Lärm« aber hält man in den Kreisen der etablierten Musiker für minderwertig.

Eine leise Ahnung davon, was zu jener Zeit im Radio zu hören ist, vermittelt ein Blick in die damaligen Singlecharts. In England tummeln sich dort zum Beispiel in der Woche des 21. Februar 1963 sentimentale Cowboyballaden, Teenpop aus der Massenfertigung des New Yorker Brill Buildings und zickiger Dixieland. Der einzige und in seiner Wirkung nicht zu überschätzende Lichtblick der Top Ten dieser Woche sind die blutjungen Beatles, die mit ihrer zweiten Single »Please Please Me« auf Platz zwei klettern und damit ihre bis dahin höchste Platzierung erreichen.

Die Stones indes interessieren sich weder für Pop noch für die Charts. Sie haben ihre eigene Mission, befinden sich gleichsam auf einem Kreuzzug und haben zunächst einmal genug damit zu tun, in Londons Clubszene überhaupt Gehör zu finden. Brian Jones berichtete einmal von den typischen Gesprächen, die er mit Jagger und Richards in jenem Winter führte: »Mick sagte, dass wir wirklich das durchziehen sollten, woran wir glaubten. Wir waren regelrecht besessen von dem Gedanken, R 'n' B in die breite Öffentlichkeit zu bringen. Wir wollten, dass unsere Idole vom Rest der Welt ebenfalls verehrt werden. Wenn wir das Geld gehabt hätten, ein großes Banner zu kaufen und es durch die Straßen zu tragen, wir hätten es gemacht!« Und die Stones wissen, dass die Zeit für sie arbeiten wird. Noch einmal Brian Jones: »Wir begannen zu spüren, dass immer mehr Leute den Traditional Jazz nicht mehr hören konnten und nach irgendetwas Neuem suchten. Wir wussten, dass wir dieses Neue waren.« Die weiteren Ereignisse sollten ihm Recht geben.

Im Februar 1963 übernehmen die Rolling Stones im Crawdaddy Club in Richmond den Job als Hausband. Am ersten Sonntag noch kommen nur wenige Dutzend Zuhörer, innerhalb des folgenden Monats aber platzt der Laden aus allen Nähten. Die Stones werden erst zum Geheimtipp und dann zum Stadtgespräch. Die Sonntage im Crawdaddy enden mit wilden Tanzritualen des jugendlichen Publikums, und der Club entwickelt sich zum Wallfahrtsort, den im April sogar die Beatles persönlich aufsuchten. Plötzlich sind die Rolling Stones ein kaum noch zu überhörendes und höchst explosives Bühnenphänomen geworden.

Jagger & Co., allen voran Brian Jones, riechen Lunte. Und es kommt zum ersten Sündenfall. Angeheuert hat die Stones im

Crawdaddy Giorgio Gomelsky, ein aus Georgien stammender Kosmopolit, Entrepreneur, Filmemacher und Nebenbei-Impresario, der sich für die junge R 'n' B-Szene der Stadt interessiert und die Bühnenqualitäten der Stones wohl als Erster entdeckt hat. Bald schon fungiert er auch als inoffizieller Bandmanager. Bis zum 28. April. An diesem Abend taucht im Station Hotel ein blondes Großmaul auf, das sich den Stones nach dem Gig als Manager andient. Begleitet wird der 19-jährige Andrew Loog Oldham von einem älteren Herrn, der sich als Eric Easton und erfahrener Booking Agent der Londoner Showszene vorstellt. Oldham spuckt große Töne, prahlt damit, dass er in Brian Epsteins Beatles-Management gearbeitet hat, und verspricht das Blaue vom Himmel. Die Stones sind schwer beeindruckt und lassen Gomelsky, der an diesem Wochenende in der Schweiz weilt, um dort seinen Vater zu Grabe zu tragen, ohne weitere Bedenken fallen.

Und jetzt geht es rasend schnell: Kaum ist die Tinte auf dem wenige Tage später vereinbarten Managementvertrag mit Oldham und Easton getrocknet, findet die erste offizielle Fotosession statt, wird die Band vom Decca-A&R-Verantwortlichen Dick Rowe begutachtet und bekommt von dessen Firma einen Plattenvertrag unterbreitet. Rowe hat allen Grund, sich heftigst um die Stones zu bemühen, hat er doch ein Jahr zuvor die Beatles mit der legendären Begründung abgelehnt, dass »Gitarrengruppen keine Zukunft« haben.

Nebenbei kommt es in diesen Tagen zum zweiten, nun ungleich schwereren Sündenfall der Rolling Stones. Sie mustern ihren Pianisten Ian Stewart aus. Allerdings nicht ganz freiwillig: Oldham hat genaue Vorstellungen davon, wie er die junge Band ins öffentliche Poprennen schicken möchte. Auf jeden Fall teenagertauglich und nicht zu sechst, weil sich, wie er glaubt, kein Mensch so viele Bandmitglieder merken kann. Kurzerhand verfügt der neue Manager, dass Stewart, der mit seiner stämmigen Figur und seinem kantigen Fernfahrergesicht ohnehin nicht so recht in die Optik passt, ab sofort offiziell nicht mehr dazu gehört. Die Stones nehmen das Urteil hin, und auch Stewart fügt sich ohne Widerspruch – ein Vorgang, der einen tiefen Einblick in die Seele der Rolling Stones gewährt. Auch wenn sich Jagger und die Seinen zu diesem Zeitpunkt noch immer nicht vorstellen können und wollen, ein Teil der Popszene zu werden, so haben sie dennoch weder Skrupel noch sonstige Bedenken, sich für ihren Erfolg den unerbittlichen Regeln des Showbusiness' zu beugen.

Das gilt auch für Stewart: Tatsächlich wäre der Pianist nach eigenem Bekunden der Letzte gewesen, der sich selbst als Teil einer Popband gesehen hätte. Von Anfang an ist er ausschließlich darauf aus gewesen, den Blues und Boogie seiner Vorbilder Albert Ammons und Leroy Carr zu spielen, alles andere, auch eine Karriere im Showbiz, interessiert ihn nicht. Dass er trotzdem klaglos den Job des Tourmanagers übernimmt und bis zu seinem viel zu frühen Tod im Jahr 1985 als Aushilfspianist und musikalisches Bluesgewissen der Band fungiert, was diese ihm bis heute hoch anrechnet, sagt viel über das künstlerische und auch das menschliche Selbstverständnis der Rolling Stones aus: Immer wieder werden sie im Laufe der kommenden Jahrzehnte Entscheidungen treffen, die auf den ersten Blick als herzlos und undankbar erscheinen, sich letztlich aber im Sinne des großen Ganzen als richtig und unumgänglich erweisen werden. Gomelsky und Stewart sind dafür die ersten und Jahre später Brian Jones die prominentesten in einer langen Reihe von Beispielen.

»Niedrige Stirn, hohe Augenbrauen!«

Anfang Mai 1963: Decca ist so scharf auf die Stones, dass die Firma Oldham bei den Vertragsverhandlungen ein entscheidendes Zugeständnis macht. Zum ersten Mal räumt eine große Schallplattenfirma jungen und gänzlich unerfahrenen Musikern die vollständige künstlerische Kontrolle über ihre Musik ein. Die Stones können ihre Platten nun aufnehmen, wie und wo immer es ihnen beliebt. Oldham gibt bei Decca nur die fertigen Bänder ab. Außerdem behält er sich – ein ebenfalls entscheidender Schachzug – die letzte Kontrolle bei der Gestaltung der Plattencovers vor. Die Folge: Die ersten Singles, die erste EP und das ein Jahr später, im April 1964, veröffentlichte Debütalbum *THE ROLLING STONES* werden fast ausschließlich in den unabhängigen und vergleichsweise schlecht ausgestatteten Olympic Sound, Regent Sound und De Lane Lea Studios aufgenommen. Oldham und Easton selbst finanzieren die Sessions, die wegen der teuren Studiomiete dann auch in der kürzest möglichen Zeit absolviert werden. Oldham, der nicht den blassesten Schimmer davon hat, wie man eine Platte macht, firmiert als Produzent. Und: Gleich mit den ersten Covers und Pressefotos stilisiert er seine Schützlinge als mürrische und aggressive Tagediebe, die so gar nichts von der freundlichen Verbindlichkeit ausstrahlen, mit der die Beatles die Teenagerherzen erobert und inzwischen auch viele Erwachsene überzeugt haben. Der Kontrast ist nicht zu übersehen, gegen die fröhlichen Fab Four erscheinen die hohlwangigen Stones als gefährliche Straßengang.

Die Presse jedenfalls tappt in sämtliche von Oldham aufgestellte Fallen. Auch wenn es die im Juli 1963 erschienene Debütsingle mit dem fahrig heruntergespielten Chuck-Berry-

Cover »Come On« noch nicht einmal in die Top Twenty schafft, sorgt das öffentliche Image der Stones schon bald für Aufregung. Ihre Haare sind eine Idee länger als die der Beatles, reichen bis über die Ohren und berühren die Hemdkragen – genug, um einen Sturm der moralischen Entrüstung zu entfachen. Beschimpfungen auf offener Straße (»Schwuchteln!«) sind ebenso die Folge wie empörte Schlagzeilen, die das moralische Fundament des Königreichs gefährdet sehen (»Würden Sie Ihre Tochter mit einem Rolling Stone ausgehen lassen?«).

> »Die Beatles hatten den weißen Hut auf, also nahmen wir den schwarzen.«
>
> Keith Richards

Wie ein Lauffeuer verbreitet sich die Kunde von den ungeheuerlichen Stones bei den Teenagern des Landes. Oldham weiß, dass er mit seiner Strategie, seine Schützlinge als Bad Boys zu installieren, goldrichtig liegt. Nur: Im Unterschied zu den Beatles schreiben seine Jungs keine Songs, weshalb sie darauf angewiesen sind, im großen Katalog des amerikanischen Blues & Soul geeignete Vorlagen zu finden, die sich zu Stones-Singles verarbeiten lassen. Die Auswahl allerdings wird immer kleiner, denn inzwischen schießen Beat- und R 'n' B-Bands in England wie Pilze aus dem Boden, und sie alle plündern dieselben Quellen.

Die Geschichte, wie Oldham das Problem angeblich löst, gehört zu den berühmtesten in der Rolling-Stones-Saga: Im Herbst 1963 sperrt er Mick und Keith in der kleinen Küche ihres soeben bezogenen Domizils in 33 Mapesbury Road ein und verkündet, dass er sie nicht herauslassen wird, bevor sie einen eigenen Song geschrieben haben. Zuvor hat er wohlweislich den Kühlschrank geleert. Als der Manager abends wieder auftaucht, haben die beiden tatsächlich einen Song zustande gebracht: »As Tears Go By« markiert den Anfang des neben Lennon/McCartney erfolgreichsten Songwriter-Duos der Popgeschichte. So jedenfalls erzählt Keith Richards die Anekdote. Mick Jagger hingegen streitet die Sache mit der Küche ab und glaubt, dass ihr erster Song (das nie von den Stones selbst veröffentlichte) »It Should Be You« war.

Wie dem auch sei: Mit den ersten Versuchen aus der Feder von Jagger/Richards lässt sich noch nicht viel anfangen. Zunächst fabrizieren die beiden nur sentimentale Balladen, die kaum ins Stones-Repertoire passen. Nach und nach aber wird sich das ändern. Und für den Moment greifen ihnen zwei Freunde unter die Arme: John Lennon und Paul McCartney persönlich helfen den Kollegen am 10. September 1963 aus der Patsche und überlassen ihnen bei einem Besuch im Probenraum eine frische Komposition mit dem Titel »I Wanna Be Your Man«. Der Song wird zur zweiten Single, die straff und aggressiv inszenierte R 'n' B-Nummer schafft es bis auf Platz zwölf der UK-Charts.

Es folgt ein Remake der Buddy-Holly-B-Seite »Not Fade Away« und damit die erste wirklich schlagkräftige Stones-Single: Die Band unterlegt den eigentlich harmlosen Popsong mit einem bedrohlichen Bo-Diddley-Beat, lässt Brian Jones und dessen Mundharmonika von der Leine, und dazu gibt Mick Jagger erstmals den coolen – wenn auch noch etwas pubertären – Sexgott. Song, Sound und Image ergeben nun ein schlüssiges Gesamtpaket. Der Lohn: Top-Ten-Premiere auf Platz drei und der erste Stones-Hit, der mit dem provokanten Image der Band mithalten kann.

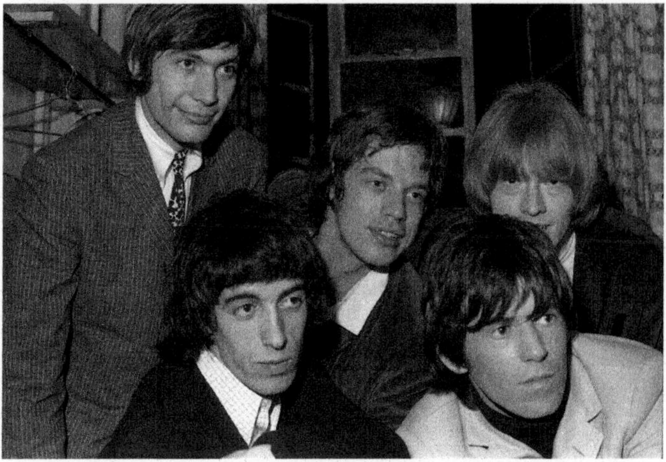

Die Rolling Stones im Jahr 1964 backstage bei Ready Steady Go!

Die entscheidende Hürde aber steht noch bevor: Amerika. Bereits am 1. Juli ist es dann soweit. Drei Wochen wird dieser erste US-Trip dauern – und er soll zum ausgewachsenen Fiasko werden: Als Oldham und seine Schützlinge in Heathrow den Flieger besteigen, erscheinen die Voraussetzungen noch optimal. Erst fünf Monate zuvor haben die Beatles in der Ed Sullivan Show die Tür für die British Invasion aufgestoßen. Seitdem reißen sich die USA um praktisch jede Band, die bei der Einreise einen englischen Reisepass vorlegen kann. Daheim im Königreich sind die Stones bereits die Nummer zwei hinter den Beatles, Amerika sollte sie also mit Handkuss begrüßen.

Weit gefehlt. Zur Ankunft auf dem New Yorker Kennedy Airport sind gerade 500 Fans erschienen (3000 waren es, als

John, Paul, George und Ringo einige Wochen zuvor dort landeten). Ed Sullivan hat einen Auftritt der Stones, die er widerlich findet, abgelehnt, und der Empfang durch die einheimische Presse fällt reserviert, mitunter gar feindselig aus. Berühmt wird der Scherz, den sich Dean Martin erlaubt, als er die Band in der TV-Show *The Hollywood Palace* präsentiert: »Man glaubt, dass diese singenden Gruppen heutzutage lange Haare haben – hah: Tatsächlich haben sie eine niedrige Stirn und hohe Augenbrauen!« (Brian Jones rächt sich auf seine Weise, indem er auf einer späteren US-Tournee eine Affäre mit einer von Deans Töchtern beginnt). Zudem ist das Stones-Debütalbum unter dem Titel *ENGLAND'S NEWEST HIT MAKERS* in den USA erst zwei Tage vor ihrer Ankunft erschienen – faktisch kennt es also noch kein Mensch. Eigentlich ist zu diesem Zeitpunkt lediglich die erste US-Single »Not Fade Away« zu hören, und mit Ach und Krach wird sie es auf Platz 48 der Billboard-Charts bringen.

Beim ersten Konzert geht noch alles gut. Das Swing Auditorium von San Bernadino ist rammelvoll, die Mädchen drehen durch, und viele singen bei »Route 66« sogar die Strophen mit – schließlich wird im Text des lange zuvor schon von Nat King Cole bekannt gemachten Songs ihre Stadt genannt. Danach aber geht es bergab. Die weiteren zum Teil sehr kurzfristig anberaumten Konzerte sind mehr oder weniger Flops, in Detroits Olympiastadion verlieren sich nicht einmal 1000 Zuschauer. Überdies stimmt auch das Ambiente nicht immer. So treten die Stones in San Antonio, Texas, bei einer Open-Air-Messeveranstaltung nach einer Affen-Dressurnummer auf. Immerhin: Bei dieser Gelegenheit lernen die Engländer den texanischen Saxophonisten Bobby Keys kennen, der in den kommenden Jahrzehnten zum festen Inventar des Stones-Personals und zu den engsten Freunden von Keith Richards zählen wird.

Absoluter Höhepunkt des auch finanziell wenig ertragreichen US-Trips sind jedoch die beiden Tage, an denen die Stones das legendäre Chess Studio in Chicago besuchen dürfen. 14 (!) Tracks nehmen sie dort auf. Darunter ist auch »It's All Over Now«, eine Coverversion des Valentinos-Songs, auf den sie der Discjockey Murray The K während ihres Besuchs in seinem New Yorker Sender aufmerksam gemacht hat. Nur zwei Wochen nach der Aufnahme in Chicago erscheint »It's All Over Now« als neue Single – und wird daheim in England zur ersten Nummer eins der Rolling Stones.

Bis Ende Mai 1965 wird die Band noch zwei weitere, deutlich erfolgreichere US-Tourneen absolvieren, dazu ihre erste durch Südostasien und dazwischen mindestens zwei Tourneen durch Großbritannien plus diverse Konzerte auf dem Kontinent – eine irrsinnige Tour de Force, die Keith Richards Jahre später mit den Worten beschreiben wird: »In meinem Kopf ist das eine einzige Montage aus Bühnen, Flughäfen, Hotelzimmern und durchdrehenden Fans.«

Und es ist ein Crashkurs in Sachen Showbusiness und Professionalismus. Mittlerweile haben die Stones Tourneen mit den Everly Brothers, Bo Diddley, Roy Orbison und den Ronettes hinter sich, sie haben Idole wie Muddy Waters, James Brown, Willie Dixon und Chuck Berry kennengelernt, und ihre Konterfeis hängen in Millionen von Teenagerzimmern zwischen Sydney und Los Angeles.

Ein atemberaubender Aufstieg, der erklärt sein will: Die Rolling Stones waren zur rechten Zeit am rechten Ort. Als sie auftauchten, konnten sie auch deshalb zur ersten überregional populären Band des britischen Bluesbooms werden, weil ihnen die Konkurrenz erst sechs bis zwölf Monate später auf dem Plattenmarkt nachfolgte.

Als Manager Oldham Mitte 1963 das Kommando übernahm, hatte er ein praktisch unbeackertes Feld vor sich. Seine Tricksereien mit der Presse funktionierten auch deshalb, weil im biederen englischen Medienbetrieb jener Tage solcherlei Spielchen mit Masken, Images und kalkulierten Skandalen noch gänzlich unbekannt waren. Das Image der Bad Boys war neu und wurde zum durchschlagenden Erfolg.

Zudem hatten die Stones mit ihrer Übernahme der klassischen Bandbesetzung des Chicago Blues – zwei Gitarren plus Harp und elektrische verstärkte Rhythmusgruppe – die Grundrezeptur für die beginnende Rockrevolution vorgegeben. Zusätzlich verfügten sie über eine Popsensibilität, die es ihnen ermöglichte, ihren Bluespurismus auf dem schnellsten Weg in universelle Popkunst zu verwandeln. Es war dies ein im Grunde instinktiver Prozess, der keineswegs mit Anbiederung oder gar dem Verrat an den alten Idealen zu tun hatte – die Stones waren jung, modern und folglich purer Pop. Das vielleicht eindrücklichste Beispiel hierfür ist die im Herbst 1964 erschienene Single »Little Red Rooster«, die im Original von Blues-Veteran Howlin' Wolf stammte. Die Stones inszenierten den Song zwar mit geradezu kammermusikalischer Andacht, bereiteten ihn jedoch ebenso mit sicherem Gespür für den Massengeschmack auf. Sie mischten die richtige Prise adoleszenten Sex sowie mit Brian Jones' Slidegitarre einen Sound bei, den noch niemand je in den Singlecharts vernommen hatte. Und doch spielten sie nichts als den reinen Blues. »Little Red Rooster« kletterte auf Platz eins in England und wurde damit der erste Bluessong, der das je geschafft hat – damals eine Sensation.

Natürlich gab es in den Jahren 1964/65 jede Menge großartige Bands in England, die in ähnlichen musikalischen Wassern unterwegs waren. Indes: Der Konkurrenz mangelte es entweder an Konstanz, an der nötigen Gangmentalität, an einem Management, das Oldham das Wasser hätte reichen können, an durchschlagskräftigen Songs oder vergleichbaren Fähigkeiten als Bühnenkünstler. So ging Gruppen wie Them, den Animals und Pretty Things bald die Puste aus.

Die Stones dagegen hatten alles: Sie sahen trotz ihres schroffen Images aufregender aus als der Rest, sie hatten das weit und breit cleverste Management, sie verfügten mit Mick Jagger über einen charismatischen Frontmann und postertauglichen Mädchenschwarm, und dazu wuchs in ihren Reihen mit Jagger/Richards das neben Lennon/McCartney produktivste und erfolgreichste Songwritergespann der Popgeschichte heran. Bereits auf dem im Frühling 1966 veröffentlichten Album *AFTERMATH* zeichneten die beiden für sämtliche 14 Songs verantwortlich, darunter Klassiker wie »Under My Thumb«, »Out Of Time«, »Lady Jane« und »Mother's Little Helper«. Und schließlich reiften die Stones quasi in Zeitraffergeschwindigkeit zu einem überaus professionellen Show-Act heran, der mit den einstigen Bluespuristen aus dem Ealing Club kaum noch etwas gemein hatte. Oder besser gesagt: Zwar hatte die Band den Blues für immer in ihrer musikalischen DNA gespeichert, wusste aber längst, wann und wie man dem Affen auf internationaler Bühne Zucker zu geben hatte.

Im Februar 1965 erscheint mit »The Last Time« der erste Jagger/Richards-Track, der es auf die A-Seite einer Rolling-Stones-Single schafft. Freilich handelt es sich bei dem scheppernden Rocksong um ein Plagiat: Der Refrain ist von dem alten Gospel »This May Be The Last Time« übernommen, den die Band während ihrer 1964er-US-Reise in einer damals populären Fassung der Staple Singers gehört haben dürfte. Dennoch verrät »The Last Time« durch seine Instrumentierung mit einem markanten Gitarrenriff und dem kongenialen Strophentext, in dem Jagger einem Mädchen die Leviten liest, bereits die typische Handschrift der späteren Glimmer Twins. Auch »The Last Time« schafft es auf Platz eins in England – und entpuppt sich als die Ouvertüre zum endgültigen internationalen Durchbruch der Rolling Stones.

Sturmtrupp der Revolte

Es ist die Nacht des 5. Mai 1965, als Keith Richards während der dritten US-Tournee der Stones in einem Hotelzimmer in Clearwater, Florida, *das* Riff der 1960er-Jahre träumt. Jedenfalls wird er das von nun an behaupten. Schlaftrunken will er die simple Tonfolge auf einen bereitstehenden Rekorder gespielt und den Rest des Tonbands dann friedlich vollgeschnarcht haben. Der Song wird zur Hymne einer ganzen Epoche. Mehr noch: »(I Can't Get No) Satisfaction« wird die Rolle der Stones als Sturmtrupp der Sixties-Revolte für alle Zeiten definieren, die Band quasi über Nacht in Superstar-Sphären katapultieren und die Rockmusik schlagartig als Sprachrohr jugendlicher Befindlichkeiten etablieren. Zu danken ist dies dem spektakulären und seinerzeit nagelneuen Fuzz-Gitarreneffekt, den Richards für die einleitende fanfarenartige Fünf-Noten-Sequenz einsetzt, und den renitenten, vordergründig konsumkritischen, letztlich aber vor allem mit allerlei sexuellen Konnotationen ausgestatteten Lyrics, die Mick Jagger beisteuert. (»When I'm ridin' round the world / And I'm doin' this and I'm signin' that / And I'm tryin' to make some girl, who tells me / Baby, better come back maybe next week / Can't you see I'm on a losing streak / I can't get no, oh, no, no, no, hey, hey, hey / That's what I say, I can't get no, I can't get no / I can't get no satisfaction, no satisfaction / No satisfaction, no satisfaction …«)

Kein Radiosender, der »Satisfaction« im Sommer 1965 nicht in Dauerrotation spielt. Kein Teenager, der nicht wie elektrisiert die Ohren spitzt, sobald das Intro aus dem Lautsprecher dröhnt. Und plötzlich ist alles anders: Die Stones sind nun nicht mehr irgendeine Rockband, jetzt sind sie die Rockband schlechthin. Egal ob in Australien, auf Hawaii, in London oder Westberlin – jeder kennt »Satisfaction«, und jeder kennt Mick Jagger, diesen dürren Engländer mit den riesigen Lippen. Den Text muss man noch nicht einmal verstehen, das metallische, in seiner Signalwirkung mit der Marseillaise vergleichbare Riff sagt alles: »Leckt mich doch!« Der Song trifft den Nerv einer ganzen Generation und stürmt die Hitparaden der Welt.

Auf »Satisfaction« folgt nun im Drei-Monats-Rhythmus eine Monsternummer nach der anderen, Jagger/Richards entwickeln einen Lauf, wie ihn selten ein Songwriterteam erlebt hat: »Get Off Of My Cloud«, »19th Nervous Breakdown«, »Paint It Black«, »Have You Seen Your Mother, Baby«, »Standing In The Shadow«, »Let's Spend The Night Together«, »Ruby Tuesday«, »We Love You« – alle diese Singles knacken die Top Ten, in England landen zwei, in den USA sogar drei von ihnen auf Platz eins. Dabei wiederholt sich die Band nicht ein Mal, setzt kaum auf bereits bewährte Formeln. Stattdessen überraschen die Stones mit jeder neuen Platte, ein jedes Mal klingen sie neu und aufregend anders und bleiben doch unverkennbar sie selbst. Als das Jahr 1967 anbricht, sind sie ganz oben angekommen und mit den Beatles auf Augenhöhe. Besser sollte es nicht werden.

Krise und Triumph: Gimme Shelter

Am 13. Januar 1967 erscheint die Single »Let's Spend The Night Together / Ruby Tuesday«. Wieder einmal fahren die Rolling Stones hinaus nach Heathrow, um in den Flieger zu klettern und nach New York zu jetten. Dort steht ihr nunmehr dritter Auftritt in der Ed Sullivan Show auf dem Programm. Fast auf den Tag genau vier Jahre ist es nun her, dass die damals völlig unbekannte Gruppe im Ealing Club zum ersten Mal in der Besetzung aufgetreten war, die inzwischen ein Millionenheer von Fans in aller Welt auswendig herunterbeten kann. Mit Ian Stewart als inoffiziellem sechsten Mann und Manager Andrew Oldham als Partner-in-crime haben sie die Welt erobert, drei Kontinente bereist, Hunderte von Konzerten gegeben, zehn Langspielplatten, drei EPs und weit über ein Dutzend Singles herausgebracht. Urlaub? Fehlanzeige. Höchstens kurz einmal zwischendurch konnten Jagger und die Seinen für ein paar Tage ausspannen. Ansonsten aber galt durchgehend: Weiter, weiter, weiter!

Im Bandverbund haben die turbulenten Jahre ihre Spuren hinterlassen. Vor allem betrifft das Brian Jones. In der Gründungsphase war er noch die treibende Kraft gewesen, dann aber entwickelte er sich mehr und mehr zum Dauerproblem für alle Beteiligten. Zwar war er es einst gewesen, der den Blues-Katechismus der jungen Stones kompromisslos innerhalb der Gruppe, aber auch nach außen hin vertrat und tat, was in seinen Kräften stand, um aus der Amateurtruppe eine schlagkräftige Macht in der Londoner Liveszene zu machen.

Inzwischen aber hat er das Interesse an »seiner« Band verloren. Und das nicht etwa aus Langeweile. Jones scheint an seinem aufreibenden Leben als Popstar, seinem haltlosen Drogenkonsum und seinen zunehmenden gesundheitlichen Problemen zu zerbrechen.

Im Grunde hatte diese Entwicklung schon begonnen, als die Stones noch im Crawdaddy Club aufgetreten waren. Jones, der sich als Bandboss betrachtete, hatte bald hinter dem Rücken der Kollegen mit dem Management ausgehandelt, dass er pro Auftritt fünf Pfund mehr als der Rest erhalten sollte. Als das nach einer Weile herauskam, stellte Keith Richards später einmal fest, war es der Moment, »in dem sich Brian sein eigenes Grab zu schaufeln begann«. Jones isolierte sich zusehends, nicht zuletzt deshalb, weil sich Jagger und Richards als die Songlieferanten der Band etablierten und damit immer dominanter wurden. Jones' eigene Versuche in dieser Hinsicht waren, so bestätigen alle übereinstimmend, für die Band unbrauchbar. Sein überbordendes musikalisches Talent ging mit einer extrem kurzen Aufmerksamkeitsspanne einher. Zwar war er in der Lage, auf jedem Instrument, das ihm in die Hände fiel, egal ob Sitar, Marimba oder Blockflöte, innerhalb von wenigen Minuten Außergewöhnliches zu bewerkstelligen. Andererseits aber verfügte er weder über die Beharrlichkeit noch über die nötige Disziplin, um einen simplen musikalischen Einfall zu einem substanziellen Song auszuarbeiten. So blieb ihm nur die Rolle des Tausendsassas, der den Stones-Songs mit ungewöhnlichen Instrumenten exotische Klangpolituren verpasste. Ohne Jones' Beiträge hätte »Paint It Black« (mit der indischen Sitar), »Under My Thumb« (mit der Marimba, einem in Guatemala entwickelten Holzxylophon) und »Lady Jane« (mit der amerikanischen Dulcimer bzw. Bordunzither) der entscheidende Schimmer gefehlt. Nicht zu reden von seinem Slidegitarrenspiel, das frühe Singles wie »I Wanna Be Your Man« und »Little Red Rooster« veredelt hatte.

Von Anfang an war Jones, der bereits als 20-Jähriger drei Kinder mit drei verschiedenen Frauen gezeugt hatte (am Ende sollten es jeweils fünf sein), kein einfacher Charakter. Je unzufriedener er nun mit seiner Situation innerhalb der Band wurde, desto mehr ließ er sich gehen. Im einen Moment noch konnte er liebenswert und kooperativ sein, im nächsten schon zeigte er sich ruppig, verschlagen und hinterhältig.

> »Brian hatte mindestens zwei Seiten. Einerseits war er introvertiert, scheu, empfindsam und nachdenklich, andererseits war er ein eitler Pfau, gesellig, künstlerisch veranlagt und jemand, der verzweifelt nach der Bestätigung durch seine Mitmenschen suchte.«
>
> Bassist Bill Wyman in seiner Autobiographie *Stone Alone*

Immer öfter ertränkte er seinen Frust in Alkohol und weiteren Drogen, was wiederum seiner Gesundheit – er war obendrein Asthmatiker – nicht wirklich gut tat. Schon bei einem kurzen Krankenhausaufenthalt, den Jones während einer US-Tour 1964 einschieben musste, hatte ihn der behandelnde Arzt ermahnt, seinen Konsum von zwei Flaschen Scotch pro Tag wenigstens einzuschränken. Der mörderische Terminplan der Band machte die Dinge nicht leichter. 1965 begann Jones' Zustand ein kritisches Stadium zu erreichen. Wenn er mit den Kollegen unterwegs war, spuckte er Gift und Galle und ließ seiner zunehmenden Paranoia freien Lauf. Andrew Oldham brachte das Problem in seiner Autobiographie *Stoned* auf den Punkt: »Er [Brian] widersetzte sich dem symbiotischen Lebensstil, den eine Band verlangt, und so wurde die Situation für ihn von Tag zu Tag auswegloser.«

Dabei hatte es Ende 1965 den Anschein gehabt, dass er sich fangen könnte. Nach einem Konzert in München hatte er die Deutsch-Italienerin Anita Pallenberg kennengelernt. Die beiden galten fortan als das coolste Paar der Londoner Szene – ein Triumph für den verunsicherten Jones. Pallenberg aber war kein devotes Mäuschen, und als Trophäe taugte sie nur bedingt. Die weltgewandte und gebildete Schönheit, die schon in Rom und New York gelebt hatte, begegnete dem Stone auf Augenhöhe. Die Beziehung der beiden verlief dann auch turbulent und nicht selten handgreiflich. Zudem hatten beide das LSD entdeckt und schätzen gelernt.

Überhaupt wurden Drogen nun auch bei den Stones zum Thema. In den frühen Jahren hatte die Band allenfalls mal einen über den Durst getrunken, gelegentlich zu Aufputschpillen gegriffen und Gras geraucht. Inzwischen jedoch war das aus den USA importierte LSD in Londons Hipsterkreisen angekommen, propagiert vor allem durch die amerikanische Hippieszene. Zu diesem Zeitpunkt war die synthetische Droge auch noch legal zu haben. LSD erweiterte die Wahrnehmung und beflügelte die Kreativität, hatte aber den Nachteil, dass es auch negative Charakterzüge verstärkte. Im Fall von Brian Jones hatte das verheerende Auswirkungen. Immer mehr ver-

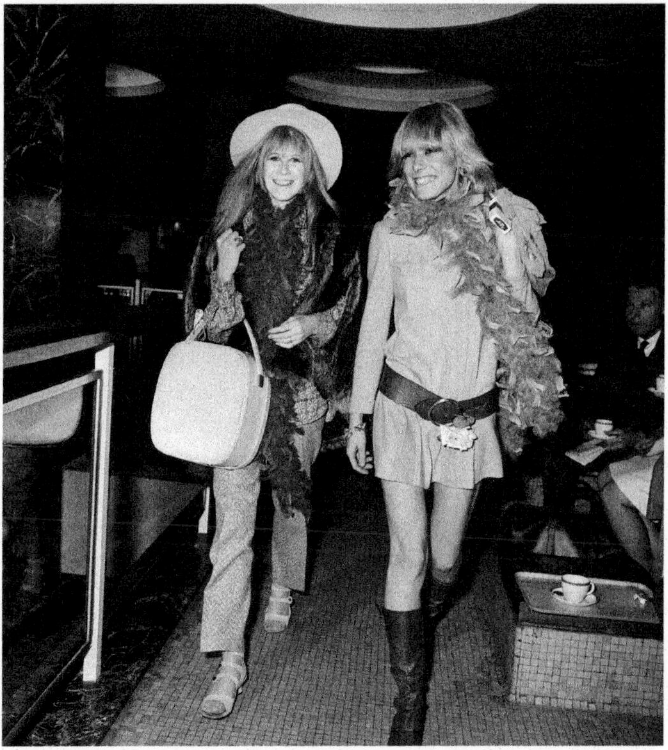

Sängerin Marianne Faithfull und Schauspielerin Anita Pallenberg am 11. März 1967 in Heathrow vor dem Abflug mit Mick Jagger nach Tanger

stieg er sich in paranoide Wahnvorstellungen, vermutete hinter jeder Ecke Intrigen und erging sich in Verschwörungstheorien, hinter denen er Jagger, Richards und Oldham vermutete, die ihn, so glaubte er, aus der Band werfen wollten. Marianne

Faithfull bemerkte dazu in ihrer Autobiographie, dass sich allmählich »ein dunkler Schatten auf Brians Gesicht legte. Seine inneren Dämonen hatten begonnen, den Kopf dieses Renaissanceengels aufzufressen.«

1967 – Annus horribilis

Spätestens 1967 ist Jones zum Klotz am Bein der Rolling Stones geworden, konstruktives Arbeiten scheint mit ihm nicht mehr möglich zu sein. Den wohl schwersten Schlag aber muss der fragile Musiker erst noch verkraften: Gitarrist Keith Richards, der oft in Jones' Haus verkehrt, entgeht nicht, wie Anita Pallenberg unter den unberechenbaren Gewaltattacken von Brian leidet. Zwar hält er sich aus dem Konflikt heraus, dennoch spürt er, dass er drauf und dran ist, sich in die Lebensgefährtin seines Freundes zu verlieben. In *Life* schreibt er dazu: »Mir wurde klar, ich kann nichts dagegen tun. Ich muss einfach mit ihr zusammen sein. Ich werde sie nehmen, oder sie wird mich nehmen.«

Im Februar beschließt das Trio, eine gemeinsame Reise in Richards' Bentley nach Marokko zu unternehmen. Und es geschieht, was geschehen muss: Jones fängt sich unterwegs eine Lungenentzündung und wird in Toulouse im Krankenhaus abgeliefert. Man verabredet, dass er nach seiner Genesung nach Tanger nachkommen soll. Richards und Pallenberg fahren unterdessen ohne Jones weiter. Und auf dem Rücksitz, irgendwo zwischen Barcelona und Valencia, passiert es dann – Anita nimmt sich Keith. Oder wie Richards detailfreudig in *Life* verkündet: »Sie blies mir einen.« Als Jones in Tanger ankommt, tun Richards und Pallenberg so, als sei nichts geschehen, um den angeschlagenen Bandkollegen nicht noch mehr zu belasten. Jones aber tobt vor Eifersucht, fühlt sich hintergangen, misstraut allen und terrorisiert jeden. Eines Nachts reicht es Pallenberg und Richards: Sie packen ihre Sachen und reisen in Begleitung von Chauffeur und Stones-Faktotum Tom Keylock heimlich ab. Und Jones bleibt zurück. Er hat nicht nur die Schlacht, er hat längst auch den Krieg um Pallenberg verloren. Und auch den um die Rolling Stones, die einst seine Band waren.

Wenige Tage, nachdem die versprengte Reisegesellschaft wieder vollzählig in London eingetrudelt ist, startet eine Europatournee. Man braucht nicht viel Phantasie, um sich die Stimmung on the road auszumalen. Zumal weiterer Ärger ins Haus steht: Am 12. Februar hat die Polizei bei einer Razzia nach einer Party in Richards' Wohnsitz Redlands in West Sussex »verdächtige Substanzen« beschlagnahmt, und der Hausherr sowie Mick Jagger werden anschließend wegen Drogenbesitzes angeklagt. Die Prozesse sollen im Juni stattfinden. Kaum ist die Band von ihrer Europatour zurückgekehrt, wird Brian Jones am 10. Mai in seiner Londoner Wohnung verhaftet und landet wegen unerlaubten Drogenbesitzes vor dem Untersuchungsrichter.

Die Justiz kennt kein Pardon, in den folgenden Prozessen werden Jagger zu drei Monaten, Jones zu neun Monaten und Richards zu einem Jahr Gefängnis verurteilt. Zwar werden die Urteile sämtlich wieder aufgehoben beziehungsweise zur Bewährung ausgesetzt, alle drei Stones aber verschwinden in diesem Jahr wenigstens kurzzeitig hinter Gittern – ganz offensichtlich soll hier ein Exempel statuiert werden. Marianne Faithfull, inzwischen die neue Geliebte von Mick Jagger, ist von den Beamten in Redlands mit nichts als einem Fellteppich bekleidet vorgefunden worden. Ein Umstand, der die Presse zu wüsten Spekulationen verleitet – bis hin zur berühmten Legende vom Marsriegel.

»Mick, der einen Marsriegel aus meiner Vagina holt! Auf eine so abartige Idee wäre selbst von uns keiner verfallen. Es ist eine Altmännerphantasie, die Phantasie eines alten Knackers, der jeden Donnerstagnachmittag zu einer Domina eilt, um ihr die Stiefel zu lecken und sich eine Tracht Prügel zu holen.«

Marianne in ihrer Autobiographie

Nicht nur den Stones und ihren Fans, auch den Besonnenen im Land ist schnell klar, dass hier nicht der Besitz einiger harmloser Pillen und weniger Gramm Marihuana vor Gericht steht, sondern ein Lifestyle und eine rebellische Haltung, die dem Establishment offensichtlich Sorgen bereiten. Folglich gerät die Obrigkeit in Gestalt des erzkonservativen Richters Leslie Block im Fall Jagger/Richards in regelrechtes Jagdfieber. Erst William Rees-Mogg, Chefredakteur der jeglicher Parteinahme unverdächtigen *Times* kann die Diskussion mit einem Leitartikel, der auch im Fall prominenter Popmusiker Augenmaß und Gleichbehandlung vor dem Gesetz anmahnt, halbwegs versachlichen.

Auch Brian Jones bekommt die volle Härte des Gesetzes zu spüren: Am 30. Oktober wird er wegen des Besitzes von Cannabis und weil er dessen Genuss in seiner Wohnung geduldet hat, zu einem Jahr Gefängnis verurteilt. Nach einem Tag im berüchtigten Wormwood-Scrubs-Gefängnis kommt er wieder frei, in der Berufung am 12. Dezember wird das Urteil aufgehoben und in eine dreijährige Bewährungsstrafe umgewandelt.

Ende 1967 bringen die Stones mit *THEIR SATANIC MAJESTIES REQUEST* ein neues Album auf den Markt. Kommerziell kann es die Erwartungen einigermaßen erfüllen, künstlerisch aber entpuppt es sich als ein Schlag ins Wasser. Über weite Strecken verliert sich die Band in fruchtlosen Jamsessions, und mit Ausnahme von »2000 Light Years From Home« und »She's A Rainbow« lassen fast sämtliche Songs das gewohnte Niveau vermissen.

> »Da ist eine Menge Blödsinn auf *SATANIC MAJESTIES*.
> Wir hatten zu viel Zeit, zu viele Drogen und keinen Produzenten, der uns gesagt hätte: ›Es ist genug, schönen Dank, können wir jetzt bitte mit dem Song weitermachen?‹
> Zu diesem Zeitpunkt war Andrew ja schon weg.«
>
> Jagger ein Vierteljahrhundert später über das *THEIR SATANIC MAJESTIES REQUEST*

In der Tat: Oldham hatte sich bereits im Frühsommer verabschiedet. Das Verhältnis zwischen ihm und der Band ist restlos ruiniert. Dazu hat er die geschäftliche Kontrolle an den neuen Manager Allen Klein abgegeben.

Innerhalb der Band ist der Bruch nun irreparabel geworden: Zwar sind Jagger und Richards bei ihrem Drogenprozess mit einem blauen Auge davongekommen, der weniger robuste Brian Jones scheint jedoch endgültig gebrochen. Psychiater beschreiben ihn am Ende dieses Annus horribilis als »sehr verängstigten jungen Mann mir suizidalen Tendenzen«. Die Folgen: Jones wird nun allmählich in einer Abwärtsspirale aus Drogenmissbrauch, Gerichtsprozessen und Paranoia verschwinden, die Band arbeitet faktisch nur noch zu viert und kann wegen ihres unzuverlässigen Gründers nicht mehr auf Tournee gehen. Ein künstlerisches Management gibt es nicht mehr, und da draußen sind nicht wenige Pressestimmen zu vernehmen, die lauthals verkünden, dass die Stones ihren Biss verloren haben.

Mit dem Teufel im Bund

Als das Jahr 1968 beginnt, ist man sich im Stones-Lager einig: Genug mit dem Hippie-Klimbim, genug der wilden Studioexperimente! Stattdessen ist Besinnung auf die eigenen Wurzeln angesagt. Keith Richards: »Nach *THEIR SATANIC MAJESTIES REQUEST* wollten wir wieder ein echtes Stones-Album machen.« Und sowohl Richards wie auch Jagger sehen ein, dass sie für ein solches Album Hilfe in Gestalt eines Produzenten brauchen. Im Februar erhält Mick Jagger von Toningenieur Glyn Johns den Tipp, sich an Jimmy Miller zu wenden. Der junge US-Produzent hat gerade Traffic zu ihrem beeindruckenden Debüt *MR. FANTASY* verholfen. Jagger heuert Miller an, und im März beginnen die gemeinsamen Aufnahmesessions in den Olympic Studios. Es ist der Startschuss in eine goldene Ära und zu einem der triumphalsten Comebacks in den Annalen der Popmusik: In den kommenden vier Jahren wird die Band nacheinander die fünf besten Alben ihrer gesamten Karriere vorlegen.

Zum ersten Mal zu hören bekommt das Publikum die runderneuerten Stones am 24. Mai 1968, als in England die Single »Jumpin' Jack Flash« erscheint. Zu den verspulten Klangexperimenten des Vorjahres verhält sich der Song in etwa wie eine Büffelherde zu einem Schwarm Kolibris. Kaum hat Keith Richards das archetypische, markerschütternd grollende Gitarrenriff auf die Reise geschickt und Charlie Watts die ersten humorlos krachenden Snareschläge platziert, weiß auch der Letzte: Hier werden keine Gefangenen gemacht. So bösartig, aggressiv und kraftvoll haben die Stones seit »Satisfaction« nicht mehr gerockt. Und die archaische, auf das Nötigste reduzierte Produktion lässt die vermeintlichen Veteranen nach den psychedelischen Spielereien der Flowerpower-Ära plötzlich wieder hochmodern klingen.

Der neue Stones-Sound passt in die Zeit. Draußen in Paris, Westberlin, London und Chicago fliegen Steine, klettern Studenten auf Barrikaden, wälzen sich zornige Demonstrationen durch die Straßen der Innenstädte. Die Generation Woodstock erhebt sich – gegen den Vietnamkrieg, gegen die Rassendiskriminierung, gegen die Bevormundung durch korrupte Politiker und die verlogene Moral der Elterngeneration. Prompt heißt einer der neuen Songs, die Mick Jagger schreibt, der in jenem Jahr tatsächlich selbst auf Demonstrationen mitmarschiert, »Street Fighting Man«. Spätestens jetzt betrachten die Fans die Stones als Waffenbrüder auch im politischen Kampf – ein Missverständnis, das noch für Irritationen sorgen wird.

Zunächst aber ist alles gut: Die Stones sind wieder in der Spur. Sie werden neue kompetente Mitstreiter um sich scharen, neben Miller und dem bereits seit *BETWEEN THE BUTTONS* (1967) zum Team gehörenden Pianisten Nicky Hopkins sind das der Saxophonist Bobby Keys und dessen Kumpel, der Trompeter Jim Price. Und sie haben eine neue musikalische Marschrichtung gefunden. Zwar sind sie zu ihren Wurzeln, dem rauen Blues und Soul der frühen Jahre, zurückgekehrt. Inzwischen aber haben sie als Songwriter genug dazugelernt, um in diesen Genres eigene Statements zu produzieren. Und sie reichern die alte Musik mit modernen Elementen an, ihre Rhythmen werden härter.

Keith Richards aktualisiert die musikalische Grundformel der Band: Er beginnt die offenen Gitarrenstimmungen einzusetzen, die er auf den Platten alter Bluesmänner entdeckt hat – ein Novum in der Rockmusik. So entwickelt er allmählich das so kraftvolle und rhythmusbetonte Akkordspiel, für das er bis heute berühmt ist. Richards' Riffs, die all die berühmten Songs von »Jumpin' Jack Flash« über »Honky Tonk Women« bis hin zu »Start Me Up« prägen, verhalten sich antizyklisch zum Virtuositätswahn jener Jahre, als Guitar Heroes vom Schlage eines Eric Clapton, Jimmy Page, Ritchie Blackmore und Jimi Hendrix die Szene mit ausufernden Soloeinlagen dominieren. Richards überlässt das Solieren den anderen, stattdessen wird sein uneitler Gitarrenstil zum Markenzeichen der Stones in ihrer nun beginnenden klassischen Phase.

Einen kongenialen Gitarrenpartner hat Richards längst nicht mehr: Brian Jones erlebt noch einen einzigen lichten Moment als Rolling Stone. Es ist der denkwürdige Tag, als er im Mai 1968 in den Londoner Olympic Studios für den *BEGGARS BANQUET*-Song »No Expectations« eine geradezu unwirklich schöne und atmosphärisch dichte Slidegitarre beisteuert. Fast wehmütig wird sich Jagger dazu zwei Jahrzehnte später in einem Interview äußern: »Wir saßen singend und spielend im Kreis auf dem Boden vor den aufnahmebereiten Mikrophon. Das war das letzte Mal, an das ich mich erinnere, wo Brian wirklich Teil von etwas war, das es wert war.«

Auch Jagger hat gewaltige Fortschritte als Songwriter gemacht. Die traumatische Erfahrung der Drogenprozesse im

Vorjahr, die neue, intellektuell fruchtbare Beziehung zu Marianne Faithfull und nicht zuletzt sein Umgang mit elitären Kreisen beim Adel, in der Geschäftswelt und in der Bildenden Kunst haben ihn reifen lassen. Zwar macht er sich in seinen Songtexten noch immer gerne über das weibliche Geschlecht lustig, so wie er es bereits in Stücken wie »Stupid Girl«, »Under My Thumb« und »Out Of Time« getan hat, allmählich aber gelingen ihm auch tiefgründige Porträts.

Dazu entwickelt er seine Bühnenfigur zu einer der eindrucksvollsten und komplexesten der Rock-Ära. Im sardonischen »Sympathy For The Devil«, zu dem er sich durch die Lektüre des Romans *The Master and Margarita* des russischen Schriftstellers Michail Bulgakow inspirieren ließ, schlüpft er in die Rolle des Luzifer, der bei allen Katastrophen und Attentaten der Vergangenheit seine Hand im Spiel hat und doch niemand anderes ist als der Teufel in uns allen. In »Stray Cat Blues« gibt er den pädophilen Nimmersatt, der ein 15-jähriges Mädchen verführt, während er in »Factory Girl« als erdverbundener Working-Class-Lad auftritt, der von nichts als einer ganz gewöhnlichen Gefährtin mit zu dicken Beinen und Lockenwicklern im Haar träumt.

BEGGARS BANQUET erscheint im Dezember und rehabilitiert die Band als führende Macht auf dem Planeten Rock. Das scharfkantige, unsentimentale Blues- und Folk-Kaleidoskop erntet reichlich Lob. So schreibt die Chicago Sun-Times: »Die Stones haben ihre bislang raueste, rüdeste, arroganteste und wildeste Platte herausgebracht. Und sie ist wunderbar!«

In der öffentlichen Wahrnehmung werden Jagger und mit ihm die Rolling Stones nun zu den Teufeln, die sie besingen. Aus den Rüpeln der frühen Jahre sind dekadente Fürsten der Pop-Finsternis geworden.

Im ersten Halbjahr 1969 macht sich die Band nun daran, ihre beiden drängendsten Probleme zu lösen: Zunächst einmal muss sie die Voraussetzungen dafür schaffen, wieder in den USA touren zu können. Eine Arbeits- und Aufenthaltsgenehmigung für Jones ist illusorisch, einmal abgesehen davon, dass er als Rolling Stone faktisch nicht mehr vorhanden ist. Seinen letzten Auftritt mit der Band hat er im Dezember 1968 im Rahmen des »The Rolling Stones Rock And Roll Circus« absolviert. Jagger, Richards, Watts und Wyman fassen den Entschluss, ihn rauszuwerfen. Im Mai bietet Mick Jagger dem gerade 20-jährigen Mick Taylor, damals noch bei John Mayalls Bluesbreakers, den freien Job des Gitarristen an.

Mick Taylor (Gitarre), geboren am 17. Januar 1949 in Welwyn Garden City (Hertfordshire), 1,80 m, Rolling Stone von 1969–1974, zwei Töchter von zwei Frauen; spielte in seiner ersten Band The Gods gemeinsam mit Ken Hensley (später Uriah Heep) und John Glascock (Jethro Tull).

Der sagt zu und findet sich bereits am 31. Mai in den Olympic Studios wieder, wo nun innerhalb weniger Tage Songs wie »Live With Me« und die Single »Honky Tonk Women« entstehen. Wenig später, am 8. Juni, fahren Jagger, Richards und Watts hinaus zu Jones' Anwesen Cotchford Farm in der Grafschaft Sussex, um ihrem Bandgründer die Kündigung zu überbringen. Daraufhin wird Jones in einer offiziellen Presseerklärung verkünden lassen, dass er sich im gegenseitigen Einvernehmen von den Rolling Stones getrennt habe. Der englische

Journalist Sean Egan berichtet in seinem Buch *Rolling Stones and the Making of Let It Bleed*, dass Jones eine Abfindung in Höhe von 100 000 Pfund erhielt sowie die Garantie einer jährlichen Zahlung von weiteren 20 000 Pfund, solange die Band existieren würde.

Für den 5. Juli ist ein Free Concert im Londoner Hyde Park vorgesehen, es soll die Feuertaufe für Mick Taylor werden. Im Gedächtnis der Fans aber wird es die Gedenkfeier für Brian Jones bleiben. In der Nacht vom 2. auf den 3. Juli, zwei Tage vor dem Hyde-Park-Konzert, arbeiten die Stones im Olympic Studio, als sie telefonisch erfahren, dass Jones wenige Stunden zuvor tot auf dem Grund seines Swimming Pools aufgefunden worden ist. Zwei Tage später treten sie dennoch wie geplant im Hyde Park auf, und mehr als eine Viertelmillion Menschen werden Zeuge, wie Mick Jagger zu Beginn des Konzerts im Gedenken an Jones ein Gedicht des englischen Schriftstellers Percy Bysshe Shelley (1792–1822) vorträgt und Hunderte von Schmetterlingen (viele waren in den Boxen vorher eingegangen) in den Himmel steigen lässt.

Um Jones' Ende ranken sich bis heute wilde Gerüchte – bis hin zu Mordtheorien. Als Todesursache wurde zwar »Tod durch Ertrinken unter Einfluss von Alkohol und Drogen« verlautbart, womit das Ableben des Stars offiziell als »Unglücksfall« eingestuft wurde. Immer wieder aber taucht seitdem der Verdacht auf, dass es in jener Nacht nicht mit rechten Dingen zugegangen war. Als Tom Keylock verkündete, dass ihm der Bauunternehmer Frank Thorogood 1993 auf dem Totenbett gestanden habe, Jones im Streit um ausstehende Zahlungen für Arbeiten an dessen Haus getötet zu haben, wurde der Fall im Jahr 2009 noch einmal öffentlich aufgerollt. Letztlich aber wurden keine belastbaren Anhaltspunkte zutage gefördert, die eine weitere Untersuchung hätten rechtfertigen könnten. Es bleibt der Mythos des Rolling Stone, der zum ersten prominenten Drogenopfer der Rockmusik und zum Begründer des berüchtigten »Club 27« wurde.

Im Spätsommer 1969 sind die Weichen für eine Rückkehr der Rolling Stones auf die Konzertbühne gestellt. Nach mehr als zweijähriger Live-Pause startet die Band am 7. November 1969 in Fort Collins, Colorado, mit Mick Taylor ihre US-Tournee. Sie wird zum Triumphzug und beschert den Stones ein völlig neues Konzertgefühl: Zum ersten Mal in ihrer Karriere verfügen sie nun über eine adäquat leistungsfähige Verstärkeranlage sowie vor allem auch über eines der erst kurz zuvor entwickelten Bühnenmonitor-Systeme. Die Folge ist ein Quantensprung für die Gruppe als Live-Act. Mitschnitte der Tournee sind festgehalten auf dem brillanten Livealbum *GET YER YA-YA'S OUT* (1970).

Noch während die Band in den USA unterwegs ist, erscheint am 29. November mit *LET IT BLEED* ein neues Studioalbum. Es ist das erste Werk ohne Brian Jones und mit Ersatzmann Mick Taylor. Zu den Höhepunkten zählen neben dem Titelsong das epische »Gimme Shelter«, die dramatische Bluesoper »Midnight Rambler« und nicht zuletzt die feierliche Ballade »You Can't Always Get What You Want«.

Zwischen den US-Konzerten finden die Stones Zeit für einen Zwischenstopp in den berühmten Muscle Shoals Sound Studios in Florence, Alabama. Dort entstehen Anfang Dezember spätere Klassiker wie »Brown Sugar«, »Wild Horses« und »I Gotta Move«. Wenige Tage danach aber kommt es zu einer Katastrophe, die sowohl für die Band selbst als auch für die Hippie-Generation zum Trauma wird: Altamont.

Spätestens seit dem höchst erfolgreichen Woodstock-Festi-

Die fünf live meistgespielten Songs der Rolling Stones

1. Jumpin' Jack Flash
2. Brown Sugar
3. Honky Tonk Women
4. Tumbling Dice
5. (I Can't Get No) Satisfaction

Fünf Songs, die die Band nie live gespielt hat

1. We Love You
2. Dandelion
3. Child Of The Moon
4. Let It Loose
5. Time Waits For No One

Weltstars, die im Vorprogramm der Rolling Stones auftraten

1. AC/DC
2. Prince
3. Ike & Tina Turner
4. Guns N' Roses
5. Foo Fighters
6. Red Hot Chili Peppers
7. Stevie Wonder
8. ZZ Top
9. Patti Smith
10. Rod Stewart

val, das wenige Monate zuvor an der US-Ostküste stattgefunden hatte, sind riesige Hippie-Festivals en vogue. Und lange schon tragen sich Szeneaktivisten mit der Idee eines Westküsten-Woodstock. So entstehen im Umfeld der dort beheimateten Bands Grateful Dead und Jefferson Airplane im Herbst 1969 erste Pläne für ein kalifornisches Mammut-Open-Air. Stattfinden soll es in San Franciscos Golden Gate Park. Als die Stones von der Idee hören, klinken sie sich ein, nicht zuletzt weil sie die zu erwartende großartige Kulisse für ihren geplanten Tourneefilm nutzen wollen.

Als Termin steht bald der 6. Dezember fest. Mit der Location jedoch gibt es Schwierigkeiten, die Stadtverwaltung verweigert die Genehmigung. Zunächst ist deshalb der Sears Point Raceway, eine Motorsportrennstrecke im kalifornischen Sonoma, als Austragungsort im Gespräch. In der ohnehin zeitlich knapp bemessenen Planungsphase kommt es allerdings zu Auseinandersetzungen zwischen den von den Rolling Stones beauftragten Veranstaltern und den Betreibern der Anlage, die 300 000 Dollar plus die Verfilmungsrechte für das Festival verlangen. Man wird sich nicht einig, und so muss zwei Tage vor dem geplanten Festival – die Stones sind da noch in Muscle Shoals – umdisponiert werden. Im letzten Moment stellt Dick Carter, der Besitzer des Altamont Raceway, sein Gelände zur Verfügung. Hektisch wird nun das Nötigste organisiert, hastig eine Bühne errichtet, eine Tonanlage herbeigeschafft und werden die bereits in Richtung Sonoma aufgebrochenen Menschenmassen per Radiodurchsage umdirigiert. Außerdem trifft man die fatale Entscheidung, die San-Francisco-Sektion der Hells Angels als Ordner für das Festival zu verpflichten. Das Honorar: Bier im Wert von 500 Dollar.

Die ganze Sache steht unter keinem guten Stern und wird

zum Desaster. Auf dem Festivalgelände mangelt es an allem, an medizinischer Versorgung ebenso wie an Toiletten und sonstiger Infrastruktur inklusive eines abgeschlossenen Backstagebereichs. Hundertausende überfluten den Altamont Speedway, schließlich ist die Veranstaltung als Free Concert angekündigt, und spielen sollen prominente Bands wie Jefferson Airplane, Grateful Dead, die Flying Burrito Brothers, Santana und Crosby, Stills, Nash & Young.

Die Stimmung unter den rund 300 000 Menschen aber ist von Anfang an gereizt. Gepanschte Drogen sind im Umlauf, und die bereits am frühen Nachmittag alkoholisierten Hells Angels terrorisieren jeden, der ihnen oder ihren Maschinen in die Quere kommt. Schon bald kommt es zu Schlägereien. Marty Balin von Jefferson Airplane wird von einem Angel auf offener Bühne verprügelt. Und als die Stones dann endlich spät abends auf die klitzekleine, von Angels und deren Hunden bevölkerte Bühne klettern, ahnen sie bereits, dass das nicht gut gehen kann. Tut es auch nicht: Schon den dritten Song, »Sympathy For The Devil«, müssen sie unterbrechen, da es vor der Bühne zu massiven Ausschreitungen kommt. Jagger versucht, das verängstigte Publikum und die aggressiven Schläger zu beruhigen. Dabei steht ihm selbst die Angst ins Gesicht geschrieben. Kein Wunder, die kaum einen Meter hohe Bühne ist von Menschenmassen umzingelt, benebelte und mit Schlagstöcken bewaffnete Motorradrocker stehen nur wenige Meter von der Band entfernt und fixieren die Musiker mit Blicken, die das Schlimmste befürchten lassen. »Stray Cat Blues«, »Love In Vain«, dann »Under My Thumb«. Fast scheint es, als habe sich die Situation beruhigt, als es plötzlich direkt vor der Bühne erneut zu tumultartigen Szenen kommt.

Erst Tage später, während der Auswertung des vor Ort aufgenommenen Filmmaterials in New York, wird das Drama sichtbar: Ein 18-jähriger Afroamerikaner mit Namen Meredith Hunter zieht offenbar eine Pistole. Im nächsten Moment stürzt sich ein Angel auf ihn und sticht mehrfach mit seinem Messer zu. Wenige Augenblicke später ist Hunter tot. Die Stones wissen davon zunächst nichts und spielen ihr Set zu Ende. Bill Wyman: »Von Rechts wegen hätten wir das Konzert abbrechen müssen. Andererseits aber waren da 300 000 Menschen, und die wären dann erst recht durchgedreht.«

Die Lage in Altamont war ausweglos, und alle Beteiligten mussten froh sein, mit dem Leben davon gekommen zu sein. Dass die Stones hinterher von der Presse für die Vorkommnisse verantwortlich gemacht wurden, verwundert nicht, denn schließlich waren sie Mit-Initiatoren und Headliner der Veranstaltung. Allerdings gab es zu diesem Zeitpunkt für Veranstaltungen dieser Größenordnung noch keine professionellen Sicherheitskonzepte, so wie sie heute üblich sind. Eine gewisse Fahrlässigkeit aber, daran besteht kein Zweifel, war bei Altamont im Spiel. Mick Jagger und die Stones haben diese bittere Lektion gelernt, fortan würden sie ihre Tourneen generalstabsmäßig planen und alle Unwägbarkeiten nach bestem Wissen und Gewissen ausschließen. Die bedrückende Stimmung aber, die nach der Altamont-Katastrophe auch im Lager der Band herrschte, ist in der faszinierenden Filmdokumentation *Gimme Shelter* der Gebrüder Albert und David Maysles geradezu mit Händen zu greifen.

Nach diesem Abend jedenfalls waren die Sixties nicht nur kalendarisch vorbei: Der Traum von »Love & Peace« war endgültig ausgeträumt, die Illusionen der Generation Woodstock waren geplatzt. Was blieb, war die bittere Erkenntnis, dass der Krieg nur einen Schuss, die Liebe aber nur einen Kuss entfernt

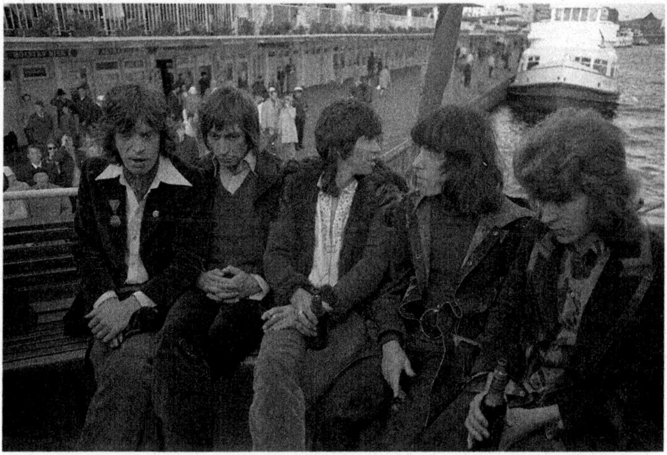

13. September 1970: Mick Jagger, Charlie Watts, Keith Richards, Bill Wyman und Mick Taylor (von links nach rechts) auf einer Pressekonferenz im Hamburger Hafen

war, wie Jagger in »Gimme Shelter« sang. Die 1970er Jahre hatten begonnen, und für die künstlerisch wieder erstarkten Rolling Stones galt es nun zunächst einmal, den eigenen Laden aufzuräumen und fit für das neue Jahrzehnt zu machen. Baustellen gab es zur Genüge.

Pleite trotz Hits

Zwar haben die Stones seit 1968 mit den Alben *BEGGARS BANQUET*, *LET IT BLEED* und *GET YER YA-YA'S OUT* einen Lauf gehabt, der bis heute ihren künstlerischen Zenit markiert. Finanziell allerdings pfeift die »Greatest Rock 'n' Roll Band on

Earth« aus dem letzten Loch. Zu Beginn der 1970er-Jahre sind Jagger und seine Belegschaft praktisch pleite, sie haben die Rechte an ihren Hits verloren und sehen sich obendrein gezwungen, ihre englische Heimat zu verlassen. Als das heißeste Ding der Stunde gelten, zumindest in der Presse, ohnehin längst andere Gruppen, zum Beispiel Led Zeppelin, Free, Black Sabbath und Creedence Clearwater Revival. Der englische *Melody Maker* fasst es Ende 1969 so zusammen: »Hoffentlich bringt 1970 die Auflösung der Beatles und der Stones. Mal ehrlich: Sie hatten ihre Zeit …«

Überhaupt: Die Stones haben, nicht zuletzt dank Altamont, ein echtes Imageproblem. In der politisch geprägten Rockszene jener Jahre werfen ihnen nicht wenige Beobachter Zynismus und Verrat an den Idealen der Subkultur vor. So mault BBC-DJ John Peel: »Mick hält sich für den Anführer einer Art Arbeiterrevolution; wie soll das gehen mit seiner 40-Zimmer-Villa und seinem Rolls-Royce?« Und der scharfzüngige Journalist Nik Cohn empfiehlt: »Wenn sie wirklich Stilgefühl haben, sorgen sie dafür, dass sie vor ihrem 30. Geburtstag bei einem Flugzeugabsturz umkommen.«

Für ihre ruhmreiche Vergangenheit jedenfalls können sich die Rolling Stones nichts kaufen, und die Gegenwart hält Ärger zuhauf bereit. Verantwortlich für den finanziellen Abgrund ist das in seinen Auswirkungen desaströse Management, das der Amerikaner Allen Klein der Band eingebrockt hat. Seit 1966 kümmert er sich um die Finanzen des Unternehmens Rolling Stones. Zwar fließen dessen reichliche Einnahmen an die Firma Nanker Phelge, allerdings nicht an die Stones-eigene in England, sondern an deren schnell gegründetes US-Pendant, als dessen Eigentümer und Geschäftsführer ausschließlich Klein fungiert. Lange ahnen die Stones davon nichts. Entsprechende Verträge und Vereinbarungen haben sie in dem guten Glauben unterschrieben, dass es sich bei Nanker Phelge USA um einen Ableger der englischen Mutterfirma handelt.

Die tückische Folge dieser Finanzorganisation: Klein hat über die Jahre nicht einen Cent der in die USA transferierten Gelder beim englischen Fiskus versteuert. Überdies findet die Band nun heraus, dass der Manager nicht nur keine Steuern entrichtet, sondern sich auch die Copyrights an sämtlichen Decca-Aufnahmen der Stones unter den Nagel gerissen hat. Oldham hat sie 1967 kurzerhand en bloc an seinen Nachfolger verhökert. Jagger & Co. müssen nun ohnmächtig zur Kenntnis nehmen, dass sie keinerlei Kontrolle über die Verwertung ihres bislang eingespielten Katalogs haben, ein Schock, den Keith Richards später mit der lakonischen Bemerkung kommentieren wird: »Das war der Preis für die Lektionen, die wir in den 1960er-Jahren in Sachen Business erhalten haben.« Bis heute hält Kleins Firma ABKCO die Rechte am Decca-Katalog der Rolling Stones, der sämtliche Veröffentlichungen bis 1970 umfasst.

Als die Band am 30. Juli 1970 mit einer Presseerklärung das Ende ihrer Zusammenarbeit mit Allen Klein bekannt gibt, sieht sich jeder einzelne Musiker mit astronomischen Steuerforderungen konfrontiert. So hat Bassist Bill Wyman, im Vergleich zu den Songschreibern Mick Jagger und Keith Richards einer der »Geringverdiener« innerhalb der Band, 1970 satte 120 000 Pfund Schulden beim Finanzamt (das wären heute ca. 1,6 Millionen Euro). Die Steuerschuld ist so hoch, dass selbst ununterbrochene Tourneen und bestmögliche Plattenverkäufe kaum etwas würden ausrichten können – außer die Schulden beim Fiskus noch weiter zu erhöhen. Kein Wunder, denn die von der britischen Labour-Regierung in den 1960er-

Jahren festgesetzten Steuersätze auf hohe Einkommen betragen 93 Prozent, auf Einnahmen aus festem Vermögen sogar bis zu 98 Prozent. So unglaublich es scheinen mag: Nach acht Jahren an der Chartspitze, zig Millionen verkaufter Platten und ausverkaufter Tourneen stehen die Stones vor dem Ruin. Ein Detail zeigt die ganze Misere: Es ist nicht einmal mehr genug Cash vorhanden, um die Stromrechnung für das vergleichsweise bescheidene Londoner Büro der Band zu begleichen.

Prinz Rupert zu Loewenstein, den Mick Jagger als neuen Finanzberater engagiert, findet eine Lösung – wenn auch eine drastische: Um wenigstens die Einnahmen aus dem sehr ertragreichen Geschäftsjahr 1969/70 zu retten und damit die ausstehenden Steuerschulden zu bezahlen, muss die Band ab Beginn des neuen englischen Steuerjahres, also dem 1. April 1971, das Land mit Sack und Pack verlassen und einen festen Wohnsitz im Ausland nehmen. Schnell sind sich alle einig, dass dafür nur das bei englischen Steuerflüchtlingen seit jeher beliebte Südfrankreich in Frage kommt. Die USA erscheinen zwar als lohnendes Reiseziel für Tourneen, sind wegen der aufgrund diverser Drogenprozesse unsicheren Aufenthalts- und Arbeitsgenehmigungen aber kaum geeignet für einen dauerhaften, halbwegs sicheren Aufenthalt.

Mit dem unfreiwilligen Exil kommt der eine Stone besser, der andere weniger gut klar.

> »Wir hatten das Gefühl, von der Regierung aus dem Land geworfen zu werden. Sie konnten wohl nicht darüber hinwegsehen, dass wir eine Macht waren, mit der sie rechnen mussten«.
>
> Keith Richards

> »Ich hasste es, England zu verlassen. Ich musste Bird's Custard [Puddingpulver], Branston Pickle und Piccalilli [typisch englische Fertigsaucen] importieren. Außerdem musste ich mir PG Tips [ein englischer Tee] schicken lassen und dann mit der französischen Milch klarkommen.«
>
> Bill Wyman

Der weltläufige Mick Jagger hingegen konzentriert sich zunächst auf Paris, wo er mit seiner schwangeren Braut, dem nicaraguanischen Model Bianca Pérez-Mora Macias, logiert, bevor er im Frühsommer eine Villa bei Antibes beziehen wird.

All das steht den Stones Anfang April 1971 unmittelbar bevor. Im März haben sie noch eine Clubtour in England absolviert. Musikalisch eine gelungene Aktion, die Presse jedenfalls ist plötzlich wieder begeistert. So schreibt der *Record Mirror*: »Die Rolling Stones haben bewiesen, dass sie noch immer die beste kleine Rock 'n' Roll Band im Land sind.« Am 7. April 1971 wird der Launch des bandeigenen Labels Rolling Stones Records vermeldet. Dort erscheint am 23. April *STICKY FINGERS*.

Eine der vornehmsten Aufgaben, die der frischgebackene Label-Geschäftsführer Marshall Chess (Sohn des legendären Gründers von Chess Records, Leonard Chess) zu erledigen hat, ist die Entwicklung eines markanten Logos für die neue Firma. Die Idee dazu ist ihm während eines Besuchs in den Niederlanden gekommen, wo ihm immer wieder die orangegelbe Shell-Muschel begegnet war. Chess beauftragt verschiedene Grafiker, ein ähnliches Logo für Rolling Stones Records zu entwickeln, und letztlich entscheidet man sich für den Entwurf des Designers John Pasche. Pasche erhält 52 Pfund und

10 Shilling für seine Arbeit. Ein Schnäppchen, das sich auszahlt – im Lauf der Jahre wird die knallrote Zunge zu einem der bekanntesten Markenzeichen der Welt aufsteigen.

Zum ersten Mal zu sehen ist das neue Logo auf *STICKY FINGERS*. Es ist nicht der einzige Blickfang des von Pop-Art-Papst Andy Warhol entworfenen Artworks. Die Vorderseite zeigt den Beckenbereich eines mit einer Jeans bekleideten Mannes. Der Clou an der Sache: In das Hosenstall-Bild auf dem Cover ist ein echter Reißverschluss eingearbeitet – der sich sogar öffnen lässt. Zwar kommt dahinter ›nur‹ ein weißer Slip zum Vorschein, das Geschrei der Moralapostel freilich ist so laut wie immer.

Und die Musik auf *STICKY FINGERS* hält, was das spektakuläre Coverdesign verspricht. Neben den Rockern »Brown Sugar« und »Bitch« sind es vor allem die mit düsteren Farben gepinselten Balladen, die das Album zu einem der besten im Stones-Katalog machen. »Wild Horses«, inspiriert von Countryrock-Pionier Gram Parsons, reflektiert das bittere Ende der Beziehung zwischen Marianne Faithfull und Mick Jagger, »Sister Morphine«, in Teilen von Faithfull mitgeschrieben, erzählt lakonisch vom qualvollen Ende eines Drogenopfers, und »Moonlight Mile« mäandert sich zur geradezu sinfonischen Klangphantasie mit fernöstlich anmutendem Orchesterfinale. Mick Taylor hat sich derweil vom Ersatzmann zu einer echten Bereicherung gemausert. Er setzt solistische Glanzlichter, wie sie bislang bei den Stones nicht zu hören waren. *STICKY FINGERS* enttäuscht auch kommerziell nicht und erobert in neun Ländern Platz eins.

Die Weichen für eine finanzielle Erholung und geschäftliche Neuordnung der Rolling Stones sind im Frühjahr 1971 also gestellt. Und auch der Exodus an die französische Riviera ist vorbereitet: Sämtliche fünf Stones haben sich ein Domizil gesucht und reisen nun mit Kind und Kegel an die Côte d'Azur. Auf der Agenda steht: Durchschnaufen und dann ein neues Album aufnehmen. Letzteres jedoch wird sich als schwieriges Unterfangen herausstellen, denn zu jener Zeit gibt es dort weit und breit kein Tonstudio, das internationalen Ansprüchen auch nur im Ansatz genügen würde. Also beschließt man, das bandeigene mobile Aufnahmestudio, das auf Mick Jaggers englischem Anwesen Stargroves in Berkshire geparkt ist und dort unter anderem für die *STICKY FINGERS*-Sessions benutzt worden ist, nach Frankreich zu schaffen.

Im Juni 1971 steht der Rolling Stones Mobile Recording Truck unter den riesigen Bäumen des villeneigenen Parks von Nellcôte, und dicke Kabelbäume kriechen aus dem Bauch des Gefährts in die Oberlichter des Kellergeschosses. Da jedoch die Stromversorgung des Hauses unter der starken Belastung regelmäßig zusammenbricht, verfällt man auf die abenteuerliche Idee, heimlich einen Mast der gegenüber des Grundstücks verlaufenden französischen Eisenbahnlinie SNCF anzuzapfen.

Im Keller, wo die Band spielt, herrschen in jenem Sommer tropische Temperaturen. Entsprechend bekommt das Album zunächst den Arbeitstitel »Tropical Desease« – tagsüber ist es feucht und unerträglich schwül, nachts wird es lausig kalt. Der Konzentration ebenfalls nicht förderlich ist der Umstand, dass im Rest des Hauses während der Sommermonate eine gelegentlich 30 oder noch mehr Menschen umfassende Meute herumlungert: Neben Richards' Familie sind dies die übrigen Stones mitsamt Angehörigen, befreundete Musiker wie Gram Parsons, John Lennon und Yoko Ono, dazu Buddys, Bediensstete und alle möglichen Schmarotzer, inklusive ortsansässiger Dealer, die für die Versorgung der Anwesenden mit illegalen Substanzen sorgen – Rock 'n' Roll galore. An effizientes Arbeiten ist also kaum zu denken, zumal der Hausherr als Musikalischer Direktor der Veranstaltung gerne mal tagelang durch drogeninduzierte Abwesenheit glänzt.

Trotzdem geht es irgendwie voran. Im Herbst 1971 allerdings wird die Situation in Nellcôte unhaltbar. Die örtliche Polizei ist nicht länger bereit, das sündige Treiben in der Prachtvilla zu tolerieren. Gründe gibt es genug: So munkelt man, dass Anita Pallenberg die minderjährige Tochter eines lokalen Würdenträgers zum Heroinkonsum verführt hat. Außerdem sind einige der wertvollsten Gitarren aus der Villa gestohlen worden, angeblich im Auftrag der südfranzösischen Drogenmafia, der Richards, so wird vermutet, Geld schuldet: Rette sich also, wer kann.

Im Oktober zieht die Band nach Los Angeles, um die wenigen fertigen Basic Tracks, halb ausgearbeitete Ideen, Songskizzen und liegengebliebenes Material aus vorherigen Sessions zu einem üppigen Doppelalbum zu verarbeiten. Mit Hilfe von Musikern wie Dr. John, Billy Preston, Nicky Hopkins und Al Perkins werden die Aufnahmen vollendet, und im Mai 1972 erscheint *EXILE ON MAIN ST.* mit dem stimmungsvollen »Tumbling Dice« als Vorabsingle (übrigens seitdem der Lieblings-Stonessong des Autors, nach dessen Ansicht sich räudiger englischer Boogierock hier mit Gospel-Elementen – und damit der Seele der Black Music, nach der die Stones immer gesucht haben – zu einem der unwiderstehlichsten Grooves im gesamten Repertoire der Band verbindet).

Nicht wenige halten die Platte heute für das Opus Magnum im Schaffen der Rolling Stones. Die Kritik allerdings reagierte damals zunächst skeptisch. So erscheinen Lenny Kaye vom *Rolling Stone* die vier Plattenseiten von *EXILE ON MAIN ST.* als ein »verwirrender Dschungel«. Sein enttäuschtes Urteil: »Sie haben sich nicht allzu weit von zu Hause entfernt, ihre Komfortzone nicht verlassen und nur das getan, was ihrem Naturell entspricht.« Sein Fazit: »Ich denke, das ganz große Stones-Album ihrer gereiften Periode steht noch aus. Hoffentlich.« Kritiker Hans-Jürgen Günther spricht im bundesdeutschen Magazin *Sounds* gar von einer »Katastrophe, gegen die selbst das weiße Doppelalbum der Beatles völlig verblasst«, geißelt Jagger und Co. als »reich, fett« und konstatiert »kompositorische Mängel«, »interpretatorische Fehlleistungen« sowie eine »erschreckende Substanzlosigkeit der Musik«.

Aus heutiger Sicht sind das glatte Fehlurteile: Tatsächlich zeigte *EXILE* eine ganz neue Qualität im Schaffen der Stones, die Kritiker wie Günther seinerzeit schlicht nicht erkannten. Denn die großartigen Vorgängeralben *BEGGARS BANQUET*, *LET IT BLEED* und *STICKY FINGERS* hatten ihre eindrucksvolle Statur durch Übersongs wie »Sympathy For The Devil«, »Gimme Shelter«, »Midnight Rambler«, »Moonlight Mile« und »Brown Sugar« gewonnen, und ihre Produktion hatte sich um Transparenz, Dynamik und ein breites, hifideles Klangspektrum bemüht.

EXILE ON MAIN ST. dagegen bildete den glatten Gegenentwurf zu dieser Ästhetik: Es wirkte rau, unfertig, chaotisch, geradezu fiebrig; dabei kam es ohne offensichtliche Singlehits aus und ignorierte die Hörgewohnheiten des Chartpublikums.

Kurzum: EXILE blieb in seiner blechernen Vielschichtigkeit erst einmal vergleichsweise unzugänglich. Damit entsprach es im Übrigen seiner eher spröden Verpackung. Das Artwork bestand aus einer Montage von körnigen Schwarzweißfotos diverser Freaks, unter ihnen Zirkusartisten, Indianer, Varietékünstler und nicht zuletzt Außenseiter wie »Three Ball Charlie«, die der Fotograf Robert Frank bereits 1958 in seinem Buch *The Americans* herausgebracht hatte. Dies sollte nun das Selbstverständnis der Band als Outlaws illustrieren, die, wie Jagger ausführte, »den Blues als Schutzschild gegen die Welt benutzten«.

Wer diese Platte knacken wollte, brauchte Zeit, musste statt einzelner Tracks das große Ganze hören und sich auf einen vier Plattenseiten umfassenden Trip einlassen. Dieses Doppelalbum war tatsächlich der »Outcast-Blues der Spieler, Komödianten und Trunkenbolde [...], ein Lied der Penner, Prostituierten und Pimps voller Aggression, Obszönität und Poesie«, wie es Siegfried Schmidt-Joos 1973 formulierte.

EXILE ON MAIN ST. unterlief den zu dieser Zeit in der Rockmusik herrschenden »Höher, weiter, schneller«-Imperativ und begründete einen neuen Fundamentalismus, der auf die Zutaten damaliger Produktionen – von Streichern und dem allgegenwärtigen Mellotron bis hin zur virtuosen solistischen Instrumental-Nabelschau – verzichtete und auf die Gesamtwirkung von Song und Sound, Approach und Attitude setzte: EXILE wurde zum Manifest eines Genres, das man später »Sleaze Rock« nennen sollte.

Auch wenn sich diese Qualität des Albums quasi aus der Not der schlechten Produktionsbedingungen und der personellen Diskontinuität der Aufnahmen, damit also faktisch unbeabsichtigt, ergab (bei kaum einem der Songs spielte die

Band in ihrer etatmäßigen Komplettbesetzung), so sollte sich die Klasse seiner Songs nach und nach offenbaren. »Tumbling Dice«, »Happy«, »Sweet Virginia«, »All Down The Line«, »Shine A Light«, »Torn & Frayed« und viele weitere *EXILE*-Tracks gehören längst zu den Kronjuwelen im riesigen Repertoire der Rolling Stones. Und das Album zählt inzwischen zu den zeitlosen Meisterwerken der Rock-Ära.

Superstars: Dancing with Mr. D

»Wir waren ein Piratenstaat unter eigener Flagge, im großen Stil unterwegs, mit Anwälten, Clowns und anderen Bediensteten«, so Keith Richards in seiner Autobiographie. Und Robert Greenfield, ein amerikanischer Journalist, der die 1972er-Tournee der Rolling Stones begleitete und darüber das Buch *A Journey through America with the Rolling Stones* schrieb, schilderte die eigenartige, für eine Konzertreise so kennzeichnende Mischung aus Partyexzessen und den immer gleichen Hotelzimmern, Soundchecks und Garderobenroutinen so: »Es ist im selben Moment aufregend und langweilig zugleich, genau auf der Grenze zu einer angehenden Psychose, bei der man nicht weiß, ob man nun verrückt geworden oder jeder andere es ist.«

Greenfield schrieb seinen Bericht im Auge des Hurrikans. Er gehörte zur Entourage und hatte durchgehend Zugang zur Band. Verborgen blieb ihm nichts, weder die ausschweifenden Sex- und Drogengelage der Mitreisenden, das fein verminte Beziehungsgeflecht innerhalb des mehr als 50-köpfigen Tourteams noch die devote Bewunderung, die selbst prominente Zaungäste wie Jackie-Kennedy-Schwester Lee Radziwill, Bestsellerautor Truman Capote, Talkshow-Host Dick Cavett oder Pop-Art-Genie Andy Warhol der durchreisenden »Greatest

Rock 'n' Roll Band in the World« entgegenbrachten. Zu sehen ist all dies in Robert Franks legendärem Tourneefilm *Cocksucker Blues*, der bis heute zwar nicht offiziell veröffentlicht wurde, längst aber ohne weiteres in einschlägigen Videoportalen zu finden ist.

Auf die Details dieser berühmt-berüchtigten »Sex & Drugs & Rock 'n' Roll«-Sause – unter anderem sichtlich derangierte Musiker, ein viertägiger Zwischenstopp in Hugh Hefners »Playboy Mansion« in Chicago, nackte Groupies an Bord der Stones-eigenen Chartermaschine und von Hotelzimmerbalkonen fliegende Fernseher – muss hier nicht besonders eingegangen werden. Interessanter ist, was die Tournee, auf der die Rolling Stones vom 3. Juni bis zum 26. Juli in den USA und Kanada 48 Shows absolvierten, für die Band und für die Rockwelt bedeutete.

It's only Rock 'n' Roll

1972 sind die Sixties längst Geschichte und begraben. Die Nägel auf dem Sargdeckel der Gegenkultur heißen Richard Nixon, Beatles-Trennung, Altamont und – hierzulande – Rote Armee Fraktion. Was nicht bedeutet, dass dieses Jahrzehnt vergessen wäre, im Gegenteil, es tut seine Wirkung auf allen Ebenen, nicht zuletzt dem der Popmusik: Dort drängt eine neue Generation ins Rampenlicht. Junge Künstler und Bands wie Led Zeppelin, Black Sabbath, Pink Floyd, Yes, Elton John, T. Rex, Rod Stewart, Neil Young und der bald allgegenwärtige David Bowie sind nun drauf und dran, das Heft in die Hand zu nehmen. Daneben hat Pop mittlerweile eine Kaste von Superstars herausgebildet, primus inter pares: die Rolling Stones.

Sind sie zu Zeiten von »Sympathy For The Devil« und »Gimme Shelter« noch als eine Horde subversiver Rock-Anarchisten wahrgenommen worden, so wandelt sich ihr Image nun allmählich in das von satten, zufriedenen Edelfreaks, die es in den internationalen Jetset geschafft haben – ein Prozess, für den in erster Linie Mick Jagger steht.

Im Mai 1971 hat der Sänger in Saint Tropez seine Hochzeit mit Bianca Macias als kitschige Trauungszeremonie inszenieren lassen. Nicht zuletzt dank des Großaufgebots prominenter Gäste war dies ein gefundenes Fressen für die versammelte Weltpresse. Immer öfter taucht Jagger nun in den einschlägigen Klatschspalten auf. Überhaupt wirkt er wie einer, der lieber Champagner schlürfend zwischen seinen Landsitzen pendelt als dass er sich noch um die da unten kümmern mag, die er einst in »Salt Of The Earth« besungen hat. Ein Street Fighting Man jedenfalls ist er nicht (und war es nie), eher ein nimmersatter Don Juan des Rock 'n' Roll. Sein Kompagnon Keith Richards macht Schlagzeilen durch seine Konflikte mit der Obrigkeit. Von Monat zu Monat sieht er ausgemergelter aus, unaufhaltsam scheint der Gitarrist in seiner Heroinsucht zu versinken, und nicht wenige wetten auf sein baldiges Ende. Was die anderen drei, Charlie Watts, Bill Wyman und Mick Taylor, tun, interessiert indes niemanden.

Nach *EXILE ON MAIN ST.* wird sich diese Entwicklung auch auf den Alben der Stones bemerkbar machen. Nicht dass sie plötzlich schlecht geworden wären. Noch immer gelingen der Band Songs, für die andere gemordet hätten. Auf *GOATS HEAD SOUP* (1973) sind das neben der Monsterballade »Angie« Tracks wie das düstere »Dancing With Mr. D«, das garstige »Star Star« und das berührende »Coming Down Again«. Ein Jahr später bietet *IT'S ONLY ROCK 'N' ROLL* neben dem Titeltrack großartige Arbeiten wie den FBI-Funk »Fingerprint File«, das elegische »Time Waits For No One« und die Philly-Soul-Hommage »If You Really Want To Be My Friend«. Auf der Bühne sind die Stones ohnehin über alle Zweifel erhaben, wie ihre 1973er Europatour eindrücklich zeigt.

Nur: Hinter den Kulissen haben sich gravierende Veränderungen vollzogen. Das ungeheuer hohe Niveau der zwischen 1968 und 1972 veröffentlichten Alben hatte unter anderem damit zu tun, dass die Band in dieser Zeit durchgehend mit denselben Leuten arbeitete. 1973 ist das vorbei: Saxophonist Bobby Keys fällt während der Europatour wegen Unzuverlässigkeit in Ungnade, Trompeter Jim Price verabschiedet sich, Pianist Nicky Hopkins krankheitsbedingt ebenso, und Jimmy Miller, als Produzent wichtige Schlüsselfigur auf den Alben seit 1968, gerät zusehends ins Heroin-Abseits. Richards: »Er kam als Löwe und ging als Lamm. Wir haben ihn komplett ausgesaugt … Jimmy war großartig, aber je erfolgreicher er wurde, desto mehr wurde er wie Brian. Es endete damit, dass er Hakenkreuze in das Mischpult des Island Studios schnitzte.«

Faktisch bereits beim genannten Album, offiziell dann bei *IT'S ONLY ROCK 'N' ROLL* und unter dem Namen The Glimmer Twins, übernehmen Jagger und Richards nun endgültig das Produktionszepter im Studio. Gleichzeitig aber sind sie, wie Mick Jagger im Nachhinein zugeben wird, nach den turbulenten Jahren von Altamont, Nellcôte und der US-Tour 1972 auch ein wenig ausgebrannt: »Ich glaube, wir sind ein bisschen auf unsere eigene Popularität abgefahren, es war so eine Art Auszeit.«

Außerdem beginnen sich Jagger und Richards, bis dahin die rechte und die linke Herzkammer der Rolling Stones, auseinanderzuentwickeln. Sie sind nicht länger die unzertrennlichen

Buddys, die zusammen neue Songs aushecken und auch mal gemeinsam Urlaub machen. Jeder zimmert sich wie üblich für Männer um die dreißig sein eigenes Leben. Und nicht alles muss dem ehemals engsten Kumpel dabei gefallen. So kann Richards mit Bianca Jagger rein gar nichts anfangen, während Jagger die drogenbedingten Absencen des Gitarristen zunehmend auf die Nerven gehen. Ganz abgesehen davon, dass es zwischen den beiden – auch das ganz natürlich – immer wieder mal zu Spannungen kommt. Da macht sich bemerkbar, dass Mick Taylor in der Gruppenchemie keine profilstarke Rolle ausfüllen und schon gar nicht wie einst Brian Jones als Gegenpol wirken kann, dessen Eskapaden Jagger und Richards in den 1960er-Jahren zusätzlich zusammengeschweißt hatten. Es war wie es Mick Jagger später einmal in einem Interview formulierte: »Wir lebten damals praktisch in zwei verschiedenen Welten.«

Last not least: Die Stones stehen nicht mehr mit dem Rücken zur Wand. Durch das stringente Finanzmanagement von Prinz Rupert Loewenstein sind sie nach zehn Jahren im Geschäft nun endlich auch vermögenstechnisch auf der sicheren Seite. Entsprechend ändert sich ihr Lebensstil. Sie werden jetzt zu einer internationalen Band, die sich kaum noch auf ihre Londoner Wurzeln stützen muss. Jagger pendelt zwischen England, den USA und Frankreich, Richards lebt seit dem Winter 1971 hauptsächlich in der Schweiz (auch weil er nirgends sonst eine Aufenthaltserlaubnis bekommen würde), und Wyman ist in Frankreich sesshaft geworden. Lediglich der bodenständige Watts kehrt nach dem Frankreich-Abenteuer zurück nach England.

Die Dinge könnten also besser nicht laufen. Und doch endet exakt hier der einzigartige Höhenflug, der 1968 mit

BEGGARS BANQUET begann und mit *EXILE ON MAIN ST.* seinen Abschluss findet. Warum? Was fehlt den nun folgenden Alben *GOATS HEAD SOUP*, *IT'S ONLY ROCK 'N' ROLL* und dem 1976 erschienenen *BLACK AND BLUE* im Vergleich zu den Vorgängern? Die Antwort ist nicht leicht zu geben, denn die Gründe sind nicht unbedingt nur aus der Musik selbst und den veränderten Lebensumständen ihrer Schöpfer zu destillieren.

Eine Rolle spielt auf jeden Fall auch die bis dahin so symbiotische Verbindung, um nicht zu sagen: Kumpanei der Stones mit dem Zeitgeist. Zwar beweisen Jagger und Richards nach wie vor ein seismographisches Gespür für Zeitstimmungen. »It's Only Rock 'n' Roll« etwa reflektiert die zunehmende Fixierung des Publikums auf Show- und Entertainmentelemente (»If I could stick a knife in my heart, suicide right on stage – would it be enough for your teenage lust, would it help to ease the pain?«) und nimmt damit Bezug auf den Prozess der einsetzenden systematischen Kommerzialisierung des Rock- und Popmainstream. Und »Hot Stuff«, der Opener von *BLACK AND BLUE*, entpuppt sich bei näherer Betrachtung als Manifest, das den nun bald die Szene dominierenden Disco-Hedonismus vorausahnt.

Der Wandel der Stones und ihrer Musik in der Popkultur hat weniger mit der Band und ihren Motiven zu tun als mit der sich wandelnden Rolle der Popmusik selbst. Als die Rolling Stones in den 1960er-Jahren mit Songs wie »Satisfaction« oder »Jumpin' Jack Flash« in den Hitparaden auftauchten, galten sie, mehr noch als die Beatles, als die Bannerträger einer kulturellen Revolution. Ihr Erfolg – und der längst verstorbener Galionsfiguren der Gegenkultur wie Jimi Hendrix, Janis Joplin und Jim Morrison – wirkte wie ein Stachel im Pelz des Status

Quo, eine unüberhör- und unübersehbare Visitenkarte der Rebellion.

Mitte der 1970er-Jahre aber ist diese Revolution aus und vorbei. Popmusik ist zwar noch immer das Medium der Jugendkultur – die aber ist nicht länger eine Gegen-, sondern längst eine Konsumkultur geworden. Den politischen Umsturz, von dem so mancher vollmundig sang, hat die Musik ohnehin nicht bewirkt. Stattdessen ist sie zur Begleitfolklore eines gesellschaftlichen Veränderungsprozesses geworden, der neue soziale, kulturelle und ästhetische Standards setzt. Die Fronten im Generationenkonflikt, in den 1960er-Jahren noch verlässliches Mittel, um Pop von Nicht-Pop zu unterscheiden, weichen nun immer mehr auf. Ein neues »Satisfaction« braucht kein Mensch, schon gar nicht von einer Band, die inzwischen zehn Jahre älter geworden ist. Was bleibt? It's only Rock 'n' Roll.

Oder anders ausgedrückt: Die Rolling Stones sind nun ein Dickschiff im internationalen Showbusiness und besetzen damit die Position des klassischen Entertainments – eine Haltung, die sie im Grunde schon immer und bereits in den Tagen von »I Wanna Be Your Man« und »It's All Over Now« beherzigt hatten. Nach wie vor liefern sie aufregenden Rock 'n' Roll, und sie sehen dabei noch immer aus, als sollte man seine Tochter besser nicht mit ihnen ausgehen lassen. Aber klar ist auch: Sie haben die Fundamente der westlichen Zivilisation nicht, wie ein Jahrzehnt zuvor noch viele befürchtet hatten, zum Einsturz gebracht. Inzwischen glauben das ohnehin höchstens noch übereifrige Frauenverbände, die sich seit je über Jaggers Sexismus ereifern. Darüber hinaus aber werden die Stones als das wahrgenommen, was sie sind: ein Haufen exzentrischer Rockmusiker mit großer Vergangenheit und jeder Menge Kohle, die dennoch passable Musik machen und als einigermaßen cool durchgehen. Die inzwischen vakante Rolle der gefährlichen Rotzlöffel aber wird erst ab Ende 1976 neu besetzt werden – mit Johnny Rotten und den Punks. Der Rest tanzt da bereits in der Disco oder hört wahlweise die intellektuelle Jazzpoesie von Joni Mitchell oder den Designerrock von Fleetwood Mac und den Eagles.

New Kid on the Block

Das Ganze ist im Übrigen ein Thema, das die Rolling Stones selbst nicht im Geringsten interessiert. In der Mitte des Jahrzehnts haben sie genug mit anderen Problemen zu tun: Richards mit der Obrigkeit, Jagger mit seinem allmählich zerbröckelnden Eheglück und die ganze Band mit dem Umstand, dass Gitarrist Mick Taylor nach fünf Jahren als Rolling Stone im November 1974 überraschend seine Kündigung einreicht – ein Problem, das ernster ist, als es Mick Jagger der Presse gegenüber darstellt. Im Dezember kommentiert er die Frage nach dem Nachfolger mit den lakonischen Worten: »Wir werden schon einen blonden Gitarristen finden, der 1,85 groß ist und sich selber schminken kann.«

Tatsächlich hinterlässt Taylor eine musikalische Lücke, die kaum zu schließen ist. Sein flüssiges, im Grenzbereich zum Jazz angesiedeltes und dennoch bluesdurchtränktes Spiel hat viele der ganz großen Stones-Aufnahmen seit *LET IT BLEED* veredelt. Taylor hat der Band eine musikalische Eleganz und Eloquenz beschert, die ihr zuvor vollkommen fremd gewesen ist. Überdies hat sein Spiel den Stones Akzeptanz auch in den anspruchsvoll gewordenen Schichten des Rockpublikums verschafft, das sich inzwischen mit Progressive Rock und Jazz-fusion beschäftigt und Männer wie die Gitarrenvirtuosen John McLaughlin und Al Di Meola verehrt.

Dass Taylor den trotz diverser Reibereien mit Richards und vorenthaltener Autorencredits für Songs wie »Can't You Hear Me Knocking«, »Sway« und »Time Waits For No One« nie ernsthaft gefährdeten Job bei den Stones freiwillig aufgibt, überrascht nicht nur seine Arbeitgeber, sondern auch die weltweite Stones-Gemeinde. Tatsächlich sind für diesen Schritt private Gründe ausschlaggebend, da Taylor nach eigenen Angaben zu dieser Zeit ernsthaft heroinabhängig geworden ist und sich und seine Familie vor einem weiteren Abrutschen ins Drogenmilieu schützen will. Später wird er allerdings einräumen: »Ich denke, dass ich die Band wohl nicht verlassen hätte, wenn ich ein bisschen älter gewesen wäre.«

Ob blond oder brünett, 1,85 oder kleiner, im Winter 1975/76 gibt sich bei Sessions in München und in Rotterdam die internationale Saitenelite die Türklinke in die Hand. Namen wie Eric Clapton, Pete Townshend, Rory Gallagher und Jeff Beck geistern durch die Presse. Die meisten Gitarrenparts für *BLACK AND BLUE* indes werden von den relativ unbekannten US-Studiocracks Harvey Mandel und Wayne Perkins eingespielt. Das Album wird so zu einer Sessionplatte, und naturgemäß mangelt es ihm deshalb an Homogenität. Dennoch versammelt es einige Highlights. *BLACK AND BLUE* ist – ähnlich wie etwa *BETWEEN THE BUTTONS* zehn Jahre zuvor – ein interessantes Übergangsalbum, das dokumentiert, wie sich die Stones der Taylor-Ära häuten und einen Weg in die Moderne suchen. Beide Gitarristen, Mandel und auch Perkins, kommen trotz ihrer superben Beiträge jedoch nie ernsthaft als Taylor-Ersatz in Frage. Das Rennen macht mit Ron Wood stattdessen ein alter Kumpel aus London.

Ron Wood (Gitarre, Bass, Gesang), geboren am 1. Juni 1947 in Hillingdon (Middlesex), 1,75 m, Rolling Stone seit 1975, in dritter Ehe mit Sally Humphreys verheiratet, sechs Kinder von drei Frauen; im Garten seines Elternhauses soll der Nachbesitzer 1700 Guinessflaschen gefunden haben – natürlich leer.

Schon zu seligen Crawdaddy-Club-Zeiten hatte Wood, der vier Jahre jünger ist als Jagger und Richards, die Stones verehrt. Seit 1973 ist er eng mit Keith und Mick befreundet. Man kennt sich, liegt musikalisch auf derselben Linie und spricht dieselbe Sprache. Letzteres erweist sich als entscheidendes Kriterium: Wood ist gebürtiger Londoner und ein trinkfreudiger Kumpeltyp, der nichts anbrennen lässt – Eigenschaften, die für das reibungslose Funktionieren der Stones mindestens so wichtig sind wie instrumentale Fähigkeiten und musikalische Visionen. Dazu Richards: »Dies ist eine englische Band, und die Kommunikation und dass alles funktioniert hat damit zu tun, dass alle aus einem Radius von 20 Meilen kommen. In dem Moment, wo Ronnie auftauchte, war das plötzlich sonnenklar.«

Nach der 1975er-US-Tournee der Stones, bei der Wood als Gast mitspielt, gibt die Band am 19. Dezember 1975 offiziell bekannt, dass Wood ab sofort einer der ihren ist. Wie sich die Stones Mach III anhören, sollte schon das nächste Album zeigen – das freilich um ein Haar nicht beziehungsweise nur ohne Keith Richards entstanden wäre.

Die folgenschwere Redlands-Party ist ziemlich genau zehn Jahre her, als das Verhängnis erneut seinen Lauf nimmt. Schauplatz ist diesmal eine Suite im Harbour Castle Hotel in Toronto. Die Rolling Stones haben sich in der kanadischen Metropole versammelt, um ein paar Konzerte zu geben, deren Aufnahmen sie für ein geplantes Livealbum verwenden wollen.

In den Morgenstunden des 27. Februar 1977 gibt es für Richards ein böses Erwachen. In seiner Autobiographie berichtet er: »In meiner Erinnerung wache ich auf, und es macht klatsch, klatsch, klatsch, klatsch, klatsch, denn diese beiden Mounties zerren mich durchs ganze Zimmer und hauen mir dabei dauernd eine runter. Um mich ›bei Bewusstsein‹ zu halten.«

Zwecks Durchsuchung hat die Royal Canadian Mounted Police Richards' Suite gestürmt. Die Beamten finden so viel Heroin und Kokain, dass auch eine Anklage wegen Drogenhandels gerechtfertigt erscheint. Und darauf stehen in Kanada empfindlich hohe Gefängnisstrafen. Richards wird festgenommen, gegen Kaution jedoch kurz darauf wieder auf freien Fuß gesetzt. Zwar können die geplanten Gigs im El Mocambo Club stattfinden (zu hören auf *LOVE YOU LIVE*), die Zukunft der Stones aber wird von diesem Tag an für geraume Zeit am seidenen Faden hängen.

Es sind nicht die einzigen Schlagzeilen im Zusammenhang mit der Toronto-Visite. Genüsslich munkelt die Presse auch von einer Affäre des Stones-Sängers mit der Gattin des amtierenden kanadischen Premierministers Pierre Trudeau. Tatsächlich aber turtelt Margaret Trudeau (Mutter des heutigen kanadischen Premierministers Justin Trudeau) nicht mit Jagger, sondern mit Wood. Ihre Ehe befindet sich da längst schon in schweren Gewässern, die Trennung erfolgt noch im selben Jahr.

Richards indes weiß, was die Stunde geschlagen hat: Nach zehn Jahren als Junkie muss er nun die Notbremse ziehen, wenn er die Existenz seiner Band nicht aufs Spiel setzen will. Er beginnt eine Entziehungskur. Im Verfahren gegen ihn kommt es erst am 23. Oktober 1978 zur endgültigen Verhandlung, bei der die Anklage auf Drogenhandel zur allgemeinen Erleichterung fallen gelassen wird. Das einen Tag später verkündete Urteil erspart Richards eine Geld- oder Haftstrafe und erlegt ihm eine einjährige Bewährungszeit sowie die Verpflichtung auf, ein Konzert zugunsten der kanadischen Blindenhilfe zu geben und eine Million Dollar für wohltätige Zwecke zu spenden. Es ist der glimpfliche Ausgang einer Affäre – und der Startschuss für ein erstaunliches Comeback der Stones, die viele bereits zum alten Eisen zählen und die nun wie Phönix aus der Asche aufsteigen.

Anfang Oktober 1977 treffen sie sich in den Pariser EMI Pathé Marconi Studios. Mehr als 40 Songs und Songfragmente entstehen während des etwa viermonatigen Aufenthalts, ein Fundus, aus dem die Band noch eine Weile schöpfen wird. Erstmals seit langer Zeit arbeiten die beiden Songwriter Jagger und Richards wieder eng zusammen – der eine ist glücklich liiert mit seiner neuen Freundin, dem texanischen Model Jerry Hall, der andere ist so präsent und konzentriert wie seit Jahren nicht. Das Ergebnis: *SOME GIRLS* wird zum wohl besten Stones-Album seit *EXILE ON MAIN ST.* und klingt wie aus einem Guss. Gleichzeitig markiert es den Aufbruch der Band in ihren dritten Frühling und eine Rückkehr zu den Wurzeln, namentlich zum knackigen, räudigen Blues und Rock ihrer frühen Tage.

Rolling Stones

Fakten, Fakten, Fakten: In den nunmehr 56 Jahren, seit die Rolling Stones zum ersten Mal öffentlich in Erscheinung traten, haben sich ein paar beeindruckende Zahlen angehäuft.

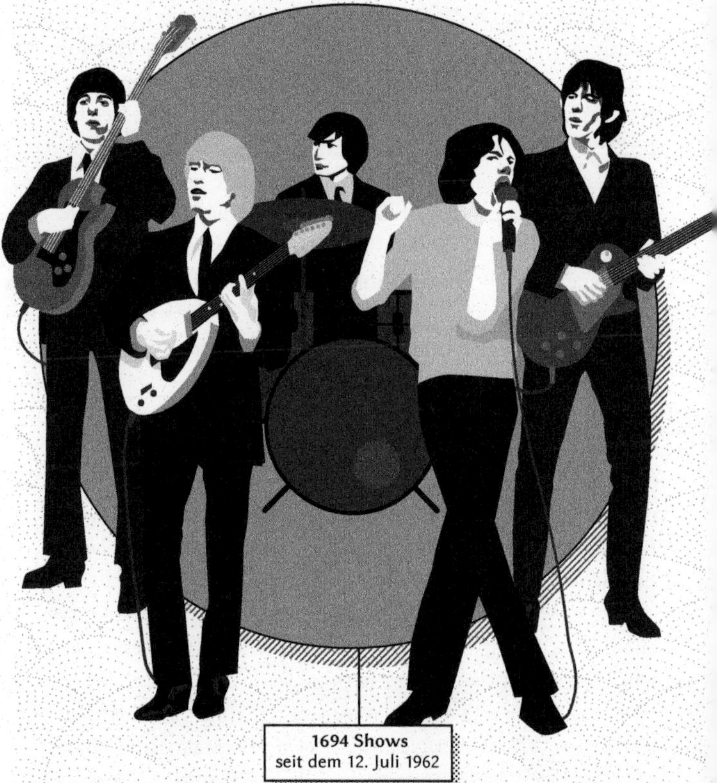

Stand: Frühjahr 2018

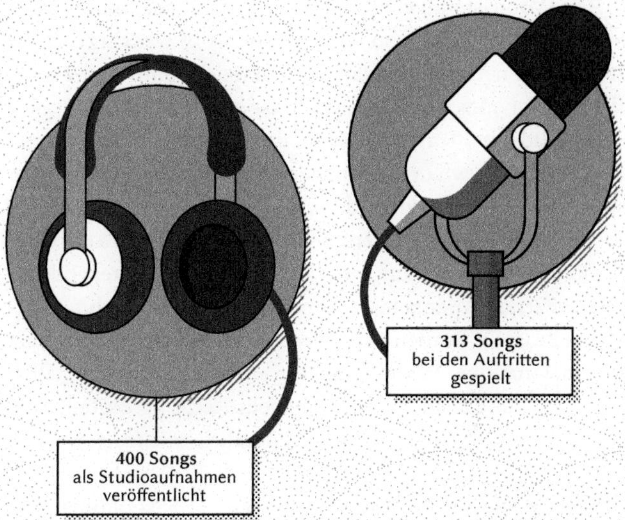
313 Songs
bei den Auftritten
gespielt
400 Songs
als Studioaufnahmen
veröffentlicht

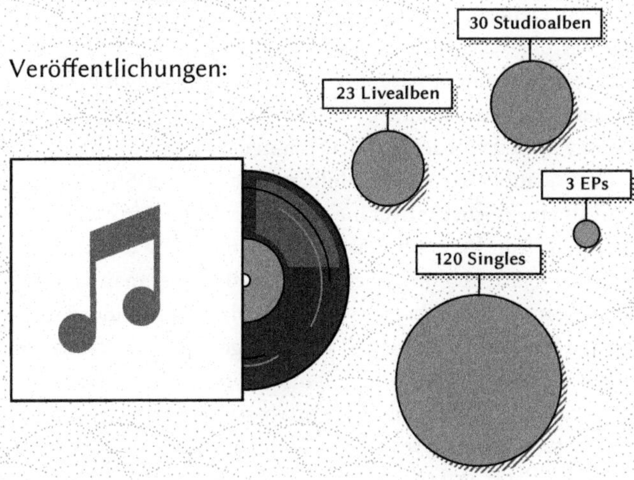
Veröffentlichungen:
30 Studioalben
23 Livealben
3 EPs
120 Singles

Ron Wood ist nun vollständig integriert. Richards schwärmt gegenüber der Presse von der »ancient art of weaving«, die er mit seinem neuen Saitenpartner praktiziert. Sinn und Zweck dieser »altmodischen Webkunst« ist es, die Trennung zwischen Lead- und Rhythmusspiel, die in Taylors Ära zur Regel geworden war, wieder aufzuheben und dabei möglichst den Effekt zu erreichen, dass die verschiedenen Gitarren kaum noch voneinander zu unterscheiden sind. *SOME GIRLS* bietet in dieser Beziehung einige der dichtesten und aufregendsten Gitarrenarrangements in der Stones-Geschichte, zu hören etwa in »Beast Of Burden«, »Respectable«,« Shattered« und »Just My Imagination«. Wood sorgt für erhöhten Druck auf allen Zylindern, und man darf mit einigem Recht vermuten, dass dieses Album mit Mick Taylor ein deutlich anderes geworden wäre.

Neue Begleitmusiker werden integriert: Saxophonist Mel Collins, Pianist Ian McLagan und der farbige New Yorker Harpvirtuose James Whiting alias Sugar Blue, den ein Studiomitarbeiter in einer Pariser Metro-Station aufgegabelt und mit zu den Sessions geschleppt hatte. Auch Toningenieur Chris Kimsey ist neu von der Partie. Das nun eingespielte Album bewirkt Erstaunliches: Es rehabilitiert die Rolling Stones und wird als eine höchst souveräne Antwort auf den Punk wahrgenommen. Ron Wood bestätigt das später: »Wir haben zwar nicht ›rumgesessen und über Punk geredet, aber man kam an dem Thema nicht vorbei, es war ja das Ding der Stunde, Bands wie die Sex Pistols und Clash waren angesagt.« Selbst Charlie Watts gibt dazu 2003 einen seiner lapidaren Kommentare: »Wir versuchten wie Johnny Rotten zu sein, der wiederum versuchte, wie wir zu sein. Es ist doch ohnehin alles dasselbe.«

Dabei bietet *SOME GIRLS* durchaus mehr als Altmänner-

Punk, als da wäre Blues und Soul in Vollendung, gepaart mit kühler Dekadenz, musikalischer Weltläufigkeit und der asphaltenen Härte des Big Apple. Wozu neben der sarkastisch angelegten Country-Hommage »Faraway Eyes« auch eine süffige Portion Disco gehört: »Miss You« überrascht mit straightem Dancegroove und irritiert scheuklappenbewehrte Kritiker, die der Band prompt Anbiederung an den Zeitgeist vorwerfen. Was diese dabei überhören: Tanzbare Rhythmen haben die Stones schon immer verwendet, zudem ist das Stück mit seinem rauen Bluesharp-Thema und den bodenständigen Gitarren metertief im Blues geerdet. Dem Publikum ist das eh wurscht, es macht »Miss You« zu einem der größten und langlebigsten Hits der Rolling Stones überhaupt. Und der Song schafft es als erster nach »Angie« auf Platz eins der US-Billboard-Charts.

Entfremdung

Die schon damals dienstälteste Rockband der Welt steht im vollen Saft und trotzt wacker den Gezeiten: *EMOTIONAL RESCUE* (1980) und *TATTOO YOU* (1981) sahnen ähnlich ab und belegen jeweils Toppositionen in den US-Charts. Musikalisch allerdings treten die genannten Alben mit dem letzten Aufgebot an, und zwar jedes auf seine Weise: *EMOTIONAL RESCUE* besteht weitestgehend aus den Resten der *SOME GIRLS*-Sessions, bietet die im Vergleich schwächeren Songs und erreicht, trotz gelungener Momente, nicht die gewohnte Wucht und Geschlossenheit.

Anders liegen die Dinge bei *TATTOO YOU*: Auch dieses Album versammelt altes Material, das jedoch zum Teil sogar aus den denkwürdigen Tagen von *GOATS HEAD SOUP* stammt. Der eigentliche Grund ist nur allzu klar: Jagger und Richards bringen nichts Neues zustande. Produzent Kimsey hat also in den Archiven gewühlt und dort unfertige Aufnahmen zutage gefördert, die er nun durch die Band aufpolieren lässt, um sie zu einem Album zusammenzufassen. Überraschenderweise wird *TATTOO YOU* dann doch mehr als eine Resterampe und bietet Highlights wie das Riffmonument »Start Me Up«, die wundervolle Ballade »Waiting On A Friend« und die Motown-Reminiszenz »Worried About You«. Auch an der Ladenkasse überzeugt die Platte: vierfach Platin plus der erste Grammy – wenn auch nur für das auffällig kühle Artwork.

Inzwischen aber hängt der Haussegen im Stones-Lager wieder einmal reichlich schief. Nach der Euphorie der *SOME GIRLS*-Ära hat sich Ernüchterung breitgemacht. Schlimmer noch: Zwischen Jagger und Richards ist eine regelrechte Eiszeit ausgebrochen. Und die geht auf den eigentlich erfreulichen Umstand zurück, dass der Gitarrist aus seinem Heroin-Exil zurückgekehrt ist und nun wieder stärkeren Anteil am Geschehen nimmt. Seit den 1970er-Jahren aber trifft Jagger die meisten Entscheidungen allein. Dem Sänger passt es da kaum in den Kram, dass sein genesener Kompagnon nun wieder mitreden will. Inzwischen hat sich Jagger zu einem disziplinierten Asketen entwickelt, der die Marke Rolling Stones wie ein börsennotiertes Unternehmen führt. Richards dagegen ist ganz und gar der alte Anarchist, der einst in Blackpool betrunkenen Rowdies von der Bühne herab die Stiefelspitze ins Gesicht kickte und in seinem Leben bis auf vier Tage bei der Post noch keiner geregelten Arbeit nachgegangen ist. Ein bisschen ist es wie mit dem verlorenen Sohn, der nach langer Abwesenheit endlich wieder nach Hause kommt: Zunächst freuen sich alle und feiern, spätestens am dritten Tag aber geht der Heimkehrer allen auf die Nerven, weil er den gewohnten Gang der Dinge unterläuft und überall nur Chaos und peinlich berührte Gesichter hinterlässt. Ab etwa 1980 jedenfalls kommt sich Jagger vor wie der einzige vernünftige Mensch im Irrenhaus. Es wundert wenig, dass er nach einem Ausweg aus diesem Irrenhaus zu suchen beginnt.

Für die Welttournee 1981/82 reißen sich alle Beteiligten noch einmal zusammen, aber schon die Ende 1982 beginnenden Aufnahmesessions zu *UNDERCOVER* gestalten sich so schwierig wie nie. Selbst die notorische Frohnatur Ronnie Wood kann an der zunehmend dicken Luft zwischen den beiden Ober-Stones kaum etwas ändern: »Es herrschte eine entsetzliche Spannung, und ich musste oft den Vermittler spielen.« Jeder mäkelt am anderen herum, alle hassen sich über Kreuz, und beide Chef-Stones arbeiten getrennt an ihren Songs. So entsteht beispielsweise die später ausgekoppelte und von Jagger geschriebene Single »Undercover Of The Night« weitgehend ohne die Mitwirkung von Richards. Dabei wird *UNDERCOVER* ein phasenweise mutiges und modernes Album, das durchaus seine guten Momente hat – und doch fehlt die alte Magie. Alles klingt eine Spur zu selbstzufrieden, die Glossy-Politur ist etwas zu dick aufgetragen, und so manche Pose wirkt hohl und verbraucht.

Der Umstand, dass Pete Townshend von The Who anlässlich von Mick Jaggers 40. Geburtstag am 26. Juli 1983 in der Londoner Times eine geistreiche Lobeshymne für den Kollegen verfasst, sagt viel aus über den Rock 'n' Roll jener Zeit im Allgemeinen und den Status der Stones im Besonderen: Zu Beginn der 1980er-Jahre ist die bilderstürmende Sixties-Boheme nach ihrem bedröhnten Marsch durch die Institutionen des Entertainmentgeschäfts bis in das Establishment vorgestoßen. Und man lässt sich feiern. Nicht mehr allzu lange, und die ersten Rocker, unter ihnen auch Jagger, werden in den Adelsstand erhoben – erste Anzeichen einer Gentrifizierung des Pop. Sie wird den Altvorderen ihren Platz an der Sonne des Business zwar noch auf Jahrzehnte hinaus sichern, dem rebellischen Spirit der Rockmusik aber im Verein mit einer generalstabsmäßig vorgenommenen Industrialisierung der Popmusik nun den Garaus machen.

Soweit die Außenansicht. Die Innenansicht aber erweist sich bei den Rolling Stones des Jahres 1983 als noch erschreckender: Im August trifft sich die Band in New York City, um beim Entertainment-Multi CBS einen neuen Plattendeal zu unterzeichnen. Für vier Alben streicht sie dabei die Rekord-Garantiesumme von 28 Millionen Dollar ein. Was die anderen vier Stones nicht wissen: Hinter dem Rücken seiner Band signiert Mick Jagger gleichzeitig einen Kontrakt als Solokünstler: ein weiterer Sündenfall – mit Folgen.

»Der dritte Weltkrieg«

Prompt kommt es zu ersten Auflösungserscheinungen. Sichtbar wird das am 13. Juli 1985 auch für die weltweite Fangemeinde: Es ist der Tag, an dem in London, Philadelphia und weiteren Städten das von Boomtown-Rats-Sänger Bob Geldof initiierte »Live Aid«-Spektakel über die Bühne und die internationalen Mattscheiben geht. Praktisch die komplette Elite der internationalen Pop- und Rockszene tritt auf – nur die Rolling Stones nicht. Jedenfalls nicht gemeinsam. Stattdessen reißt Mick Jagger in London beim gemeinsamen Duett Tina

Turner den Lederrock von den Hüften und lässt ein eilig mit David Bowie gedrehtes Video des Oldies »Dancing In The Street« über die Bildschirme flimmern. Seine Mitstreiter Keith Richards und Ron Wood begleiten zur selben Zeit in Philadelphia sichtlich angeheitert den Auftritt ihres Kumpels Bob Dylan auf akustischen Gitarren.

Selbst Charlie Watts, bis dahin gusseisernes Rückgrat der »Greatest Rock 'n' Roll Band in the World«, hat inzwischen ein veritables Alkohol- und Drogenproblem: »Es war meine Art, mit familiären Problemen klarzukommen. Im Rückblick war es wohl eine Midlife Crisis. Alles was ich weiß ist, dass ich Amphetamine und Heroin genommen habe und 1983 ein total anderer Mensch wurde. Erst 1986 kam ich da wieder raus. Ich hätte mit meinem Benehmen um ein Haar meine Frau und alles verloren.« Erst als der Stones-Drummer im eigenen Heim eine Treppe hinabstürzt, fängt er sich wieder und stoppt jeglichen Genussmittelkonsum von einem Tag auf den anderen.

Derweil gibt Bassist Bill Wyman, inzwischen hoch in seinen Vierzigern, den unersättlichen Gockel, für den der Rest der Welt eigentlich Mick Jagger hält. Seit 1983 datet er die 13-jährige Mandy Smith, die er sechs Jahre später gar heiraten wird. Die Ehe wird schon 1991 wieder geschieden. Den wohl schwersten Schlag für die Rolling Stones bringt jedoch der 12. Dezember 1985: Während er beim Arzt im Wartezimmer sitzt, erliegt der 47-jährige Ian Stewart, Gründungsmitglied und seit den alten Crawdaddy-Zeiten das Blues-Gewissen der Band, einem Herzinfarkt. Die geschockten Stones geben ihrem Pianisten zu Ehren am 23. Februar 1986 im Londoner 100 Club ein Konzert vor ausgewähltem Publikum – ihr erstes seit vier Jahren. Gegeben werden die alten Chicago-Blues-Gassenhauer, mit denen die Stones fast ein Vierteljahrhundert zuvor ihre ersten Meriten erwarben. Es klingt ein wenig bange, als Richards auf der Beerdigung Wood fragt: »Wer wird uns denn jetzt sagen, wenn wir uns daneben benehmen?«

Niemand mehr. Die mühsam aufrechterhaltene Fassade von der legendären Sixties-Band, die immer weiter macht, bröckelt nun endgültig. Jagger hat mit *SHE'S THE BOSS* inzwischen sein erstes Soloalbum herausgebracht. Zwar ist er damit nur mäßig erfolgreich, dennoch schäumt Richards ob des vermeintlichen Verrats an der gemeinsamen Sache. Zumal sich Jagger standhaft weigert, auf Tournee zu gehen, und lieber öffentlich mit einer Solotournee kokettiert. Dabei hat er gar nicht mal Unrecht mit seiner Einschätzung der Lage und gute Gründe für seine Entscheidung. Später wird er dazu erklären: »Auf Tournee zu gehen wäre ein Albtraum gewesen. Es war eine schreckliche Zeit, jeder hasste jeden. Es wäre wohl die schlechteste Stones-Tournee aller Zeiten geworden und wahrscheinlich das Ende der Band.« Und Richards wird dem indirekt beipflichten, denn 1994 erzählt er dem US-Journalisten Rich Cohen: »Es mag wie ein persönlicher Streit aussehen, aber aus der Distanz betrachtet ging es eigentlich um etwas anderes: Mick und mir war instinktiv klar, dass es mit der Band so nicht weitergehen konnte. Wir mussten etwas jenseits der Band machen, um der Band überhaupt noch eine Chance geben zu können. Ich persönlich hatte nie Zweifel an unserer Zukunft, aber die Möglichkeit des Bruchs war sicher gegeben. Hinter den Kulissen flogen die Fetzen. Wir wollten ausbrechen und nicht mehr nur ausschließlich die Rolling Stones sein.«

Kurzum: *DIRTY WORK*, das im März 1986 erschien, entsteht zu einer Zeit, als die Glimmer Twins heillos zerstritten sind, nicht miteinander reden, geschweige denn gemeinsam Songs schreiben. Entsprechend klingt die Platte: zerrissen, oberflächlich und in ihrer Großspurigkeit hohl und kalkuliert. Kurz: Das 18. Studioalbum der Rolling Stones ist ihr schwächstes. Die Band präsentiert sich als bloße Interessengemeinschaft in die Jahre gekommener Berufspopper, die verzweifelt dem Zeitgeist hinterherjagen – ein Unterfangen, so aussichtslos wie der Versuch, den eigenen Schatten abzuhängen. Irgendwo zwischen *EMOTIONAL RESCUE* und *UNDERCOVER* hatten sie angefangen, wie es Rich Cohen in seinem klugen Bandporträt *Die Sonne, der Mond & die Rolling Stones* ausdrückte, »nicht mehr neue Songs zu schreiben, sondern nur noch Coverversionen ihrer eigenen Klassiker«.

DIRTY WORK erweist sich als Schwanengesang und führt dazu, dass nun zwischen Jagger und Richards »der dritte Weltkrieg« (Richards) ausbricht. Der Gitarrist droht gar öffentlich, Jagger »die Kehle durchzuschneiden«, sollte der es wagen, ohne die Stones auf Tournee zu gehen. Was der Sänger natürlich trotzdem tut: 1988 tourt er mit einer eigenen Band nacheinander in Japan und Australien. Richards bastelt derweil mit seinen neugegründeten X-Pensive Winos am eigenen Solodebüt. *TALK IS CHEAP* erscheint im Oktober 1988 und erweist sich neben Jaggers inzwischen zwei Soloarbeiten – *PRIMITIVE COOL* ist einen Monat zuvor erschienen – prompt als das bessere Angebot. Im Vergleich zum stoischen Fundamentalismus der Winos erscheinen die Alben des Stones-Sängers wie kühl konzipierte, mit Gaststars aufgemotzte Edelköder, die der Welt einen neuen Popgott schmackhaft machen sollen. Die Stones-Gemeinde aber beißt nicht wirklich an, sondern lobt stattdessen Richards' aus der Not geborenes Solo-Œuvre und überzieht Jagger mit leisem Spott.

Auch die übrigen Stones schaffen sich neue Standbeine: Charlie Watts gründet ein eigenes Jazzorchester. Bill Wyman geht nicht nur mit minderjährigen Blondinen ins Bett, sondern auch unter die Gastronomen. In Londons Hipsterviertel Kensington gründet er das mit Stones-Memorabilia vollgestopfte Burger-Restaurant »Sticky Fingers«, das für Fans bis heute Pflichtadresse bei Londontrips ist. Ron Wood schließlich entdeckt seine alte Leidenschaft, die Malerei, neu. Er konzentriert sich darauf, ein umfangreiches künstlerisches Werk zu schaffen, das regelmäßig in internationalen Ausstellungen zu sehen ist. Um mehr über die Technik verschiedener Druckverfahren zu lernen, arbeitet der Musiker 1987 sogar zeitweise in einer professionellen Druckgraphikwerkstatt.

Die ramponierten Glimmer Twins indes beweisen einmal mehr ihren untrüglichen Instinkt für die richtigen Karriereschritte: Sie lösen die Band vorerst nicht auf.

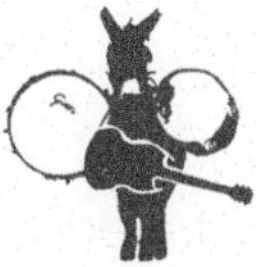

Weltpopkulturerbe: Olé, olé, olé!

Als sich in Ungarn im Frühsommer 1989 ein erstes Loch im Eisernen Vorhang auftut, wird daraus in kürzester Zeit ein Flächenbrand – das Ende des Warschauer Pakts ist damit eingeläutet. Auf dem Planeten Rolling Stones herrscht derweil seit mindestens zwei, wenn nicht gar drei oder vier Jahren eisige Finsternis. Mit Ausnahme einiger hartnäckiger Fans geht man allgemein davon aus, dass diese einst größte Band von allen das Zeitliche gesegnet hat, dass ihre Masterminds Jagger und Richards ihren Frieden mit der Vergangenheit gemacht haben und fortan als vielbeschäftigte und respektierte Rockveteranen ihr Auskommen finden werden – ganz sicher aber nicht als Tandem in einer gemeinsamen Rockband.

Am 18. Januar 1989 werden die Rolling Stones in die Rock 'n' Roll Hall of Fame aufgenommen, und Mick Jagger, Keith Richards, Ron Wood und Ex-Stone Mick Taylor erscheinen zur Zeremonie im New Yorker Waldorf Astoria Hotel. Pete Townshend hält die launige Laudatio, und das Ganze wirkt tatsächlich wie eine Verabschiedung in den wohlverdienten Ruhestand und in die Ahnengalerie des Pop – die Stones sind nun offiziell museumsreif.

Doch auch der Eiserne Vorhang zwischen Jagger und

Richards zeigt nun erste Löcher. Hinter den Kulissen hatte Ron Wood Wochen zuvor mit diplomatischem Geschick eine Wiederannäherung seiner beiden Brötchengeber in die Wege geleitet.

»Ich war entschlossen, etwas zu unternehmen. Meine Chance kam eines Abends 1988, als ich mit Keith telefonierte. Er hielt sich auf den Inseln auf, und wir redeten über ihn, Mick und die Band. Plötzlich klingelte das andere Telefon. Mick rief aus New York an, um mir zu erzählen, dass er versucht habe, Keith zu erreichen, aber dass Keith nicht ans Telefon gehe.

Mick sagte: ›Ich erreiche ihn einfach nicht.‹

›Ich habe gerade mit ihm gesprochen‹, sagte ich.

›Er will nicht mit mir sprechen‹, meinte Mick.

›Ich sorge dafür, dass er deinen Anruf annimmt‹, versprach ich.«

Die legendäre Wiedervereinigungs-Telefonkonferenz, geschildert von Ron Wood in dessen Autobiographie

Wood hält Wort und redet nach einer legendären Telefonkonferenz noch einmal mit Richards, und der nimmt beim nächsten Jagger-Anruf den Hörer ab. Das Ergebnis: Die Streithähne verabreden ein Treffen auf der Karibikinsel Barbados (tatsächlich hatte es bereits im Mai 1988 ein Bandmeeting in London gegeben, bei dem auch über eventuelle gemeinsame Aktivitäten gesprochen wurde – ein Ende der Rolling Stones war also noch keineswegs besiegelt gewesen).

Jedenfalls gestaltet sich die Zusammenkunft auf Barbados erfreulich. Unstimmigkeiten und Missverständnisse lösen sich in Wohlgefallen auf. Gefördert wird die neue Harmonie durch die inzwischen durch die Verkaufsergebnisse der jeweiligen Soloalben belegte Erkenntnis der beiden Ober-Stones, dass sie nur gemeinsam wirklich erfolgreich sein können. Wie Richards später anmerkte, biegen sich die Glimmer Twins auf Barbados vor Lachen auf dem Boden über das, was sie sich gegenseitig in den Jahren zuvor in der Presse an den Kopf geworfen haben. Das alte Schlachtschiff wird nun also restauriert und fitgemacht für neue Abenteuer.

Seit *SOME GIRLS* hatten die Stones zwar irgendwie den Anschluss verpasst, die Achtziger mit ihrem Hang zu Gloss und Glamour sind ihr Jahrzehnt nicht gewesen. Und doch, die Zeit spielt den Stones plötzlich wieder in die Karten. Einige Rockhelden der ersten Stunde sind zu Beginn der Neunziger schließlich noch da. Und sie alle genießen wundersamerweise plötzlich wieder den besten Ruf, verkaufen nicht nur massenhaft Tickets für ihre Shows, sondern auch – und das ist das Neue – tonnenweise altes Repertoire in Gestalt aufwendiger CD-Retrospektiven. Kurzum: Der Pop hat seine glorreiche Vergangenheit entdeckt. Nachdem die Rolling Stones mit *STEEL WHEELS* als Ergebnis ihrer Wiedergeburt auf Barbados ein solides Wir-sind-wieder-da-Album auf den Markt gebracht haben, tun sie, was zu tun ist: Sie starten eine Welttournee und lassen davon ein Livealbum und einen Konzertfilm fabrizieren. All das funktioniert wie am Schnürchen, und die »Steel Wheels« / »Urban Jungle«-Tournee, die im Spätsommer 1990 nach 115 Shows vor mehr als drei Millionen Zuschauern endet, bilanziert Einnahmen von knapp 100 Millionen Dollar. Die Erkenntnis: Die Baby-Boomer-Generation ist im besten Konsumentenalter angekommen, und sie gibt ihre üppigen Mittel gerne für die gute alte Rockmusik aus.

Mit seinem untrüglichen Gespür für Zeitstimmungen findet Mick Jagger ein passendes neues Geschäftsmodell: Die Stones besetzen als Denkmäler ihrer selbst und Premiummarke das neue Genre des Classic Rock. Jagger ahnt, dass hier bis eben noch unvermutete Verdienst- und Profilierungsmöglichkeiten warten und dass diese Konstellation seiner Veteranentruppe eine echte Zukunftsperspektive eröffnet. Die Plattenfirma Virgin sieht das genauso und verpflichtet die Band für eine Garantiesumme von mehr als 40 Millionen Dollar.

Traditionalismus mit Perspektive

Die Aussichten sind also wieder rosig. Da stört auch ein erneuter Rückschlag nicht wirklich. Mit Bill Wyman verabschiedet sich 1993 nach 30 (!) Jahren ein Gründungsmitglied. Dem Kollegen Wood gesteht er, dass seine verstärkte Flugangst die ausschlaggebende Rolle bei der Entscheidung gespielt habe. Nach dem ersten Schrecken delegieren Jagger/Richards die Auswahl eines Nachfolgers an Charlie Watts. Der Drummer spricht sich für Darryl Jones aus, einen renommierten US-Tieftöner, der seinen Bass bereits für Miles Davis, Sting und Peter Gabriel gezupft hat. Jones wird fortan als professioneller Dienstleister fungieren, doch offizielles Bandmitglied wird er nicht werden.

Im Juli starten die Aufnahmesitzungen für *VOODOO LOUNGE* in Ron Woods Studio in St. Kildare in Irland. Mit von der Partie ist neben Darryl Jones auch ein neuer Produzent, der sich einen Namen gemacht hat als Fachmann für klassisches Rockhandwerk und Spezialist für das Restaurieren angestaubter musikalischer Markenkerne: Don Was ist für die Stones der richtige Mann zur rechten Zeit. *VOODOO LOUNGE* wirkt denn auch fast wie ein nach Zahlen gemaltes Bildnis der klassischen Rolling Stones. Die obligatorischen Open-Tuning-Riffs finden sich darauf ebenso wie hübsche Balladen, Chuck-Berry-Reminiszenzen und nicht zuletzt ein Ausflug auf den Dancefloor. Und die Kalkulation geht auf. *VOODOO LOUNGE* wird allenthalben freudig als Rückkehr zu alter Form begrüßt, holt Doppelplatin und gewinnt einen Grammy. Dazu erweist es sich als prächtige Lokomotive für die nun folgende, nach allen Regeln der Entertainmentkunst inszenierte Monstertournee rund um den Globus – inklusive der Abstecher, die Jagger & Co. im vierten Jahrzehnt ihrer Karriere erstmals nach Südamerika und Afrika führen. Auch diese Tournee mit der bis dahin aufwendigsten Bühne der Bandgeschichte bricht alle Rekorde: Die Einnahmebilanz in Höhe von 320 Millionen Dollar nach 129 Konzerten wird erst mehr als zehn Jahre später getoppt werden (die »Vertigo«-Tournee von U2 brachte im Jahr 2006 389 Millionen Dollar nach 131 Konzerten).

In den Albumcharts klettert *VOODOO LOUNGE* auf vorderste Ränge, in den Singlecharts aber geht nun gar nichts mehr. Hat noch »Mixed Emotions« von *STEEL WHEELS* Platz drei in den US-Charts geschafft, so bringt es »Love Is Strong« jetzt mal gerade auf Platz 91 (auch »Highwire« hatte 1991 nichts mehr ausrichten können). Dabei gehört der Song auch dank des Videoclips, in dem die Stones als Riesen durch Manhattan stiefeln, zu den bekanntesten und beliebtesten, die Jagger und Richards nach 1989 überhaupt produziert haben. Das Phänomen ist schnell erklärt: Im Bereich des Classic Rock, der sich an ein erwachsenes Publikum wendet, spielt das Singleformat so gut wie keine Rolle mehr, Rock- und der Popmarkt beginnen sich in den 1990er-Jahren voneinander zu lösen. Letzterer spiegelt in den mittleren Neunzigern junge Trends wie Hip-Hop, Neo-R&B und Eurodance – dort werden die Hits gemacht.

Auch das 1997 erschiene »Anybody Seen My Baby«, die seit Ewigkeiten modernste Single der Rolling Stones, schafft in den USA nicht einmal die Hot 100, dafür aber in der neu geschaffenen US-Mainstream-Rock-Liste Platz drei. Überhaupt, *BRIDGES TO BABYLON* von 1997 markiert den letzten ernstgemeinten Versuch der Rolling Stones, im Hier und Jetzt der Popkultur zu punkten. Das Album bietet auf, was 1997 Rang, Namen und Konjunktur hat: die ultrahippen Produzenten The Dust Brothers und Danny Saber, den Rapper Biz Markie sowie einen Videoclip für »Anybody Seen My Baby«, der die junge Angelina Jolie vorstellt. Dazu verwenden die Stones neuerdings Samples und Drum Loops. Kurz: Die Platte klingt wie die klassischen Rolling Stones nach einem längeren Gespräch mit einem wohlmeinenden Stil- und Imageberater.

Inzwischen herrscht im Stones-Lager ein durchaus stolzer Traditionalismus vor, der sich zum ersten Mal zwei Jahre zuvor auf *STRIPPED* gezeigt hat. Das Album versöhnte die Traditionalisten in der Stones-Gemeinde – und die stellen längst die weit überwiegende Mehrheit – auf Anhieb mit allen modischen Ausreißern der vorangegangenen Jahre.

Tatsächlich stellt *STRIPPED* den gelungenen Versuch dar, den damals populären »Unplugged«-Trend zu bedienen, ohne die Band dabei auf Klampfenmusik zu reduzieren. Während ihrer »Voodoo Lounge«-Tournee hatten die Stones ein paar intime Clubgigs unter anderem in Paris, Amsterdam und London eingestreut, einige Hit-Highlights dieser Shows auf dem Album versammelt und diese mit noch intimeren, akustisch und ungewöhnlich sorgfältig eingespielten Neuinterpretationen alter Songs kontrastiert. Darunter befanden sich Perlen wie »Wild Horses«, »The Spider And The Fly« und »Love In Vain«, und so geriet das Album zum Vintage-Stones-Package, das eine ganz neue Authentizität ins Spiel brachte. Sie wies die Rolling Stones als alte Meister aus, als einzigartige Originale, die den Rock 'n' Roll, zu dem inzwischen Best-Ager tanzten, dereinst erfunden hatten – ein Etikett, das sich für den weiteren Verlauf der »zweiten Halbzeit«, wie Richards die Zeit ab 1989 einmal nannte, als ein Pfund herausstellen sollte, mit dem sich prächtig wuchern ließ: Das Stones-Publikum will schließlich nicht unbedingt eine zeitgenössische Rockband und ihre aktuelle Musik erleben, stattdessen geht es darum, wie es Ray Davies von den Kinks einmal im Gespräch mit dem Autor sarkastisch formulierte, »die Pyramiden zu sehen«. So lange sie noch stehen, versteht sich. Im Grunde sind Jagger & Co. längst von der Band zum Event mutiert. Zur verlässlichen Folklore dieser weltreisenden Pyramiden-Show gehören dann auch das ewige Seufzen des Publikums über die schon wieder weiter ins Unermessliche gestiegenen Ticketpreise, die Pressespekulationen darüber, ob es sich denn nun wirklich um die letzte Tour der Rock-Dinos handele, und nicht zuletzt die regelmäßige merkantile Auswertung des jeweiligen Spektakels mittels Livealbum und DVD-Package.

Dass die Rolling Stones als Branchenprimus dabei auch ganz neue und für Traditionalisten gelegentlich befremdliche Vermarktungswege gehen, überrascht wenig. So verpflichten sie für ihre Tourneen potente Sponsoren wie TDK, Budweiser, Castrol und Telekom, und zusätzlich lassen sie den Volkswagen-Konzern 1995 ein »Rolling Stones«-Modell des VW Golf produzieren. Bei ihrer »A Bigger Bang«-Tour gipfelt die Kooperation mit American Express gar im befristeten Ticketvorverkauf exklusiv an Besitzer einer Amex-Card – natürlich zum Unmut vieler Fans.

All dies sieht nicht unbedingt nach Rock 'n' Roll und Anarchie aus, eher macht es den Eindruck einer konsequenten Inkassomentalität. Und so ganz ist die Frage nicht von der Hand zu weisen: Wo ist bei all dem hochpreisigen Greatest-Hits-Budenzauber der Stadionkonzerte die kleine Bluesband geblieben, die dereinst aus dem Londoner Westen kam und auszog, die Welt zu erobern? Wer das Glück hat, bei den Stadionkonzerten der B-Stage nahezukommen, einer kleinen Clubbühne, die inmitten der Zuschauer aufgebaut ist und von den Stones während ihrer Shows für drei Songs benutzt wird, der kann diese kleine Bluesband tatsächlich noch einmal hautnah erleben. Ansonsten aber hat sie in der Realität der Rolling Stones der 2000er-Jahre offenbar keinen Platz mehr. Wie auch, wo Jagger, Richards, Watts & Wood doch lange schon zum Weltpopkulturerbe mutiert sind?

Babys, Palmen & Adelstitel

Als Superstars des Rockzirkus' werden die einzelnen Stones nun mehr denn je ein Thema für die Boulevardpresse. So wird mit hämischer Neugier berichtet, dass Keith Richards 1998 im heimischen Weston, Connecticut, in seiner Bibliothek von der Leiter fällt (wie er später behauptet, wollte er Leonardo da Vincis Werk über die menschliche Anatomie aus dem obersten Regalfach ziehen. Folge der verunglückten Bildungsmaßnahme: drei gebrochene Rippen und ein verschobener Tourneestart). Wesentlich ernster sind die Verletzungen des legendären Gitarristen, als er Ende April 2006 auf den Fidschi-Inseln bei dem Versuch, am Strand aus etwa zwei Metern Höhe von einem knorrigen Baum herabzuklettern, so unglücklich zu Boden fällt, dass er mit dem Kopf gegen den Stamm knallt und sich dabei eine Gehirnerschütterung zuzieht. Einige Tage später stolpert er und fällt, als er in einem Boot unterwegs ist. Er wird in eine Klinik gebracht, wo nicht nur ein Schädelbruch sondern ein Blutgerinnsel im Hirn diagnostiziert wird. Richards wird am 8. Mai in Auckland, Neuseeland, operiert. Acht Wochen später steht er im italienischen Mailand wieder auf der Bühne, um mit seiner Band eine Europatournee zu starten. In der Presse wird der Fidschi-Zwischenfall genüsslich breitgetreten, aus dem Baum wird eine Palme, aus den zwei Metern zehn, und aus dem Unfallopfer ein bedröhnter Möchtegern-Robinson. Als Richards dann auch noch im Scherz verkündet, dass er die Asche seines verstorbenen Vaters geraucht habe, und mit einem Cameo-Auftritt als Vater von Johnny Depp in der Kino-Piratensaga *Fluch der Karibik* überrascht, hat sich sein öffentliches Image endgültig von dem des gefährlichen Mr. Rock 'n 'Roll in das eines eigentlich liebenswerten Freaks verwandelt.

Kollege Mick Jagger macht derweil wie gewohnt mit amourösen Eskapaden von sich reden. Im Juli 1999 wird seine Scheidung von Ehefrau Jerry Hall nach 22 gemeinsamen Jahren amtlich. Drei Monate zuvor hat Luciana Gimenez, brasilianisches Model und Scheidungsgrund, den von Jagger gezeugten Sohn Lucas auf die Welt gebracht. 2001 wird vermeldet, dass Jagger nun mit der 37-jährigen US-Modedesignerin L'Wren Scott liiert ist. Am 17. März 2014 – die Stones sind gerade unterwegs in Australien – findet man Scott tot in ihrem New Yorker Apartment auf (die unter starken Depressionen leidende Frau hatte sich erhängt). Jagger tröstet sich bald mit der 46 Jahre jüngeren amerikanischen Balletttänzerin Melanie Hamrick. Sie macht den inzwischen 73-Jährigen im Dezember 2016 einmal mehr zum Vater, Sohn Basil ist Jaggers achtes Kind. 2003 ist der Stones-Sänger überdies vom Prince of Wales (die Queen soll sich geweigert haben) geadelt worden. Die Ehrung sorgt für neue Zickereien zwischen den Glimmer Twins. Richards: »Ich mag nicht mit jemandem auf der Bühne stehen, der mit seiner Krone und mit diesem alten Hermelinmantel prahlt. Das ist es nicht, worum es bei den Rolling Stones geht, oder?« Sir Mick kontert: »Wahrscheinlich hätte er nur gerne dieselbe Ehrung. Es ist wie wenn jemand ein Eis bekommt – dann wollen alle anderen auch eins.«

Die ewige Fehde erhält überdies neue Nahrung, als sich Richards in seiner Autobiographie wenig taktvoll über die Größe von Jaggers kleinem Mick lustig macht (»tiny todger«).

> »Diese Rivalität treibt die Stones an. Einmal sagte ich zu Keith: ›Wenn ihr euch nicht zanken würdet, wenn es diese kleinen Spannungen nicht geben würde, wenn alle integer und stets perfekt wären, dann wärt ihr etwa so aufregend wie REO Speedwagon.‹ Ich bin mir sicher, dass er und Mick schon vor 30 Jahren zu diesem Schluss gekommen sind.«
>
> Don Was, seit 1993 Stones-Produzent, über die ewige Soap Opera zwischen Mick 'n' Keith 2003

Auch Ron Wood gerät mit Scheidung, jugendlicher neuer Freundin und Alkoholexzessen in die Schlagzeilen, fängt sich aber bald wieder. Lediglich Charlie Watts hält sich seinem Naturell entsprechend zurück und züchtet gemeinsam mit Ehefrau Shirley arabische Pferde.

Dass die Stones zwischendurch auch noch neue Musik geliefert hatten, ist bei all dem Klatsch fast unter den Tisch gefallen: 2005 trifft sich die Band in Mick Jaggers Landsitz La Fourchette in Pocé-sur-Cisse, Frankreich, um mit A BIGGER BANG ihr 22. Studioalbum aufzunehmen. Erstmals seit ewigen Zeiten schreiben Jagger/Richards bei dieser Gelegenheit wieder gemeinsam Songs und verzichten auf postmodernes Produktionsbrimborium. A BIGGER BANG präsentiert stattdessen die nackten unverfälschten Rolling Stones des Jahres 2005, die nicht mehr den geringsten Wert darauf legen, einem Zeitgeist zu genügen, der ohnehin flüchtiger und beliebiger denn je erscheint. Entsprechend direkt, knorrig und kernig klingt die Band. Die »A Bigger Bang«-Tour wird zu ihrer erfolgreichsten, die 144 Konzerte bringen Einnahmen in Höhe von 558 Millionen Dollar.

Lordsiegelbewahrer des Rock'n' Roll

Längst sind die Rolling Stones so etwas wie die vierköpfige Version des sagenumwobenen Gandalf der Graue in der *Herr-der-Ringe*-Saga: Keiner weiß, wie alt er wirklich ist und wie oft er dem Tod ins Angesicht geblickt hat; ein jeder aber weiß, dass jederzeit mit seiner Rückkehr und mit neuen Taten zu rechnen ist. Kein Wunder also, dass die Stadien in Rekordzeit ausverkauft sind, als sich die Stones aus Anlass ihres 50-jährigen Bestehens als fast 70-Jährige 2012 noch einmal auf Tournee begeben. Unter dem ironischen Tourmotto »50 & Counting …« ziehen die alten Fahrensmänner noch einmal los. Im Herbst bringen sie die betagte Maschine bei Proben in Paris wieder in Gang, und am 25. Oktober steigt das erste Konzert in

Londons O2-Arena. Zur Freude der Fans hat die Band sogar prominenten Besuch in Gestalt der alten Mitstreiter Mick Taylor und Bill Wyman auf die Bühne gebeten. Es ist der Auftakt zu einer bis in die Gegenwart anhaltenden spätherbstlichen Blütezeit der Rolling Stones. 2012/13 folgt eine US-Tournee mit 23 Konzerten, im Februar 2014 weitere Shows u. a. in Australien, Neuseeland, Japan, Macao und den Vereinigten Emiraten. Im Sommer ist Europa dran, im Herbst dann noch einmal Australien und Neuseeland. Zur allgemeinen Überraschung geht es auch im folgenden Jahr weiter wie gehabt, im Frühsommer 2015 beehren die Stones einmal mehr die USA.

Und sie raffen sich zu neuen Studiotaten auf: Im Dezember besuchen sie Mark Knopflers British Grove Studio in London. Bevor aber die Gemeinde das Ergebnis der Sessions auf *BLUE & LONESOME* zu hören bekommt, gibt es weitere Überraschungen. Zuerst ist da die »América Latina Olé!«-Tour durch Mittel- und Südamerika. Zu deren Finale treten die Stones am 25. März 2016 erstmals in Kuba auf – ein Ereignis, das buchstäblich Geschichte schreibt. Wieder einmal sind Jagger, Richards, Watts & Wood zur richtigen Zeit am richtigen Ort. Gerade erst hat US-Präsident Obama seine historische Visite in Havanna absolviert, mit der die allmähliche Öffnung Kubas gegenüber dem Westen offiziell wurde, da versammeln sich nur wenige Tage später eine halbe Million Kubaner auf dem riesigen Freigelände an der Avenida de la Independencia, um zu erleben, wie Keith Richards die markerschütternden Akkorde von« Jumpin' Jack Flash« ins weite Rund drischt. Im Konzertfilm *Havana Moon* und in der großartigen Filmdokumentation *Olé Olé Olé* ist die Emotionalität dieses Abends fast mit Händen zu greifen. Weißbärtige Señores, Señoras mit Zigarettenspitze, junge HipHopper, mandeläugige Latinas und vier alte Männer auf der riesigen Bühne – sie alle tragen ein euphorisches Leuchten in den Augen.

Im Herbst 2016 dann die nächste Überraschung: Mit *BLUE & LONESOME* veröffentlicht die älteste Rock 'n' Roll Band der Welt zum ersten Mal in ihrer langen Geschichte und zur Verblüffung der Fans ein reines Bluesalbum. Ein rundes Dutzend uralter, überwiegend obskurer Blues-Originale, hemdsärmelig und ohne viel Federlesens live eingespielt, dereinst geschrieben von Little Walter, Jimmy Reed, John Lee Hooker, Howlin' Wolf und anderen. Dieses erste Studioalbum der Stones seit elf Jahren wird von Presse und Publikum enthusiastisch gefeiert. *BLUE & LONESOME* scheint vollkommen aus der Zeit gefallen, und die vitale, uneitle Interpretation der Songs strahlt eine Würde und Weisheit aus, die in Zeiten konfektionierter Chartware wie ein wärmendes, knisterndes Lagerfeuer wirkt.

Mit *BLUE & LONESOME* schließt sich der inzwischen 55-jährige Kreis – die Stones begannen als Bluesband, blieben es ihr Leben lang, auch wenn sie dabei unterschiedlichste Musik produzierten, und kehren nun zum Blues zurück. Niemand also hätte sich beschwert, wenn die epische, irre, dramatische und faszinierende Saga der Rolling Stones, dieser obersten Lordsiegelbewahrer sämtlicher mit der Idee des Rock 'n' Roll verknüpften Werte, an dieser Stelle geendet hätte. Aber: Sie geht weiter.

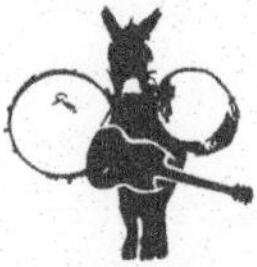

Vermächtnis: Slipping away

9. Oktober 2017. 46 Jahre ist es her, dass der eingangs erwähnte Teenager in *Bravo* die Nellcôte-Reportage entdeckte. Inzwischen ist er selbst älter geworden, als er je geglaubt hätte, dass ein Rolling Stone es werden könnte. Die aber sind auch heute Abend noch da, leibhaftig. Weiß Gott, die Sonne, der Mond, die Rolling Stones.

Esprit Arena, Düsseldorf: 45 000 Menschen strömen in die moderne Mehrzweckhalle. Es dämmert, hin und wieder nieselt Feuchtigkeit vom Himmel, die Scheinwerfer der einfahrenden Fan-Autos spiegeln sich auf dem Asphalt der weitläufigen Parkflächen.

Mehr als ein Dutzend Mal hat der Autor die Rolling Stones im Laufe seines Lebens gesehen. Zum ersten Mal als Schüler in seiner Heimatstadt, einige Jahre nach dem eingangs erwähnten *Bravo*-Artikel. Wie Tarzan flog der am Seil hängende Jagger über die Köpfe der Zuschauer hinweg. Mick, Keith, Charlie, Ronnie, Bill – es gab sie wirklich. Sie waren aus Fleisch und Blut.

Seitdem: Stadionshows, mehr Revue als Rock 'n' Roll. 2003 dann drei Konzerte in nur einer Woche, Olympiahalle, Olympiastadion und Circus Krone bei 40 Grad Celsius – Jahrhundertsommer mit den Stones. Zuletzt die Berliner Waldbühne. Die Gitarren grollen wie aus einer fernen Zeit. Archaisch, brutal, wie donnernde Faustkeile. Sind wir am anderen Ende der Zeit angelangt? Oder ist es diese Band, die gelassen um sich selbst kreist, sich um nichts sonst schert? Und warum tragen Hipster plötzlich Zunge? Jahre später: Noch immer irrlichtern sie wie Gespenster um die Welt. Dazu *BLUE & LONESOME*, ein feuchter Fantraum.

Heute Abend Düsseldorf. Ein Ticket hat er nicht. Verhandeln zwischen Parkplatz und Eingang. Hunderfünfzehn, Innenraum.

Ein Platz in der Mitte, nahe am Pult. Das Bier ist fad, die Vorband geht ab, spärlicher Beifall. Da vorn ragen vier gelbrote Zungensäulen in den Arenahimmel.

Fast halb neun, als das Licht erlischt. Die Bühne wird blutrotes Licht, Congas, Bongos und Rasseln pluggern und zischen. »Sympathy For The Devil«. Jubel auf dem Rang, »Huhhuuuhh« zu kahlen Klavierakkorden. Die alten Bilder flimmern über die innere Leinwand, Paris 1968, Berlin, London, Vietnam, Napalm, My-Lai. Langsam schält sich Jaggers tänzelnde Silhouette aus dem Rot. Der ewige Mick fuchtelt mit den Schlangenarmen, trippelt auf dürren Rockstarbeinchen. »Please allow me to introduce myself …« Das zerknitterte Gesicht allein mit der Masse. Fast drei Minuten, und dann plötzlich – CLONG! – dieser Akkord. Mit heiligem Ernst, vorgereckter Unterlippe und strafendem Blick. Wie aus dem Boden gestampft steht der schildkrötengesichtige Keith neben dem strassglitzernden Flimmerzwilling – Reptile aus dem Pleistozän, straight outta Dartford.

Nur dieser eine Schlag auf einer alten Gibson. Richards lässt die Arena in den Grundfesten erzittern, ruft zum Jüngsten

Gericht. »Pleased to meet you, hope you guess my name …« Im Schlepptau der beiden: Ronnie, treuer Adjutant, Lad forever. Charlie lächelt. Sie sind da. Die Rolling Stones, Ursuppe des Pop, Katechismus des Rock 'n' Roll, in ihrem 55. (fünfundfünfzigsten) Jahr, in all ihrer hässlichen Schönheit, ihrer kakophonen Wucht, ihrer rätselhaften Würde und verfallenen Pracht.

Konzerte sind Begegnungen. In Havanna waren es Gegenwart und Vergangenheit, die sich die Hand reichten. In Düsseldorf sind es die alten Gefährten – Band und Publikum. Für diesen einen Abend reisen sie gemeinsam an ihren Sehnsuchtsort. In der routinierten und so wohltuend reduzierten Inszenierung dieser »No Filter«-Europatour schwingt eine spirituelle Note mit.

Die *Rheinische Post* wird Jagger am nächsten Tag einen »Ehrendoktor der Jugendlichkeit, Liebeskunst und Unsterblichkeit« nennen. Fürwahr: unsterblich, jenseits der Zeit, In Another Land, in einem Traumland, das zu bereisen ein Konzertticket kostet. Dort sind wir der Welt enthoben, Lieder sind Gesetze und ihre Zeilen Straßen, auf denen wir wandeln können, wohin es uns treibt. Möglich ist dort alles, Emotion, Entgrenzung, Ekstase. »Gimme Shelter«, »Start Me Up«, »Dancing With Mr. D«, »She's A Rainbow«. Die alte Magie des Rock 'n' Roll: Befreiung im Song, Erfüllung in einer Textzeile und Erlösung im Schlag der Trommel.

Es bleiben die kleinen Momente und die Bilder am Rande. Etwa als der grandiose »Midnight Rambler« entkräftet in sich zusammenfällt, aufgelöst in die Bestandteile, daliegt und nichts bleibt als ein paar lose vor dem Schlagzeugpodest liegende Klangfetzen und verbogene, geisterhaft in den Nachthimmel ragende Rippenreste. Die beiden Männer mit den

Gitarren stehen dort, fixieren sich mit entrückter Mine. »Have you heard about the Boston …?« WHAM! Ein Lächeln huscht über die Gesichter. Es ist der Moment, in dem der mitternächtliche Streuner erwacht, wir einen Blick in diese mehr als ein halbes Jahrhundert alte Werkstatt werfen dürfen und die Alchemie erahnen können, die aus dieser zufälligen Kombination von mittelmäßig begabten Londoner Amateurmusikern die größte aller Rockbands gemacht hat. »Well, now, honey, it's not one of those …«

Der schönste, traurigste, berührendste Moment: Wie immer übernimmt Richards zur Showhalbzeit für zwei Songs das Mikrophon. Auf das obligatorische »Happy« lässt er die wenig bekannte Ballade »Slipping Away« folgen, ein Gebet von brüchiger Grandezza. Der da singt, ist hilfloser Greis und granitener Koloss zu gleichen Teilen. Es ist der Augenblick, in dem das Publikum weiß, wovon dieser Konzertabend handelt: Hier wird ein Abschied zelebriert. Der Abschied von einer Band, die all diese Leben geprägt hat, die wir selbst uns geschaffen haben, weil unsere Leben nach dieser Band verlangten. Die Zeit hat sich in den Rolling Stones gebrochen, die Ära sich vollendet, und die Band ist zum sagenhaften Mythos jenseits der Zeit geronnen. Egal ob sie noch eine weitere Tournee dranhängt oder gar ein letztes Studioalbum herausbringt: Das Bild ist gemalt.

»Everytime I draw a breath it's dying away / first the sun and then the moon, one of them will be 'round soon …« – als Richards diese Zeilen singt, ist es mucksmäuschenstill im Rund. Sie hängen an seinen Lippen. Fast kathartisch die Bridge: »All I want is ecstasy / but I ain't gettin' much / just gettin' off on misery / it seems I lost my touch …« Fabel und Fluch der Baby-Boomer-Generation bündeln sich, werden zur

Coda ihrer Epoche. Richards verstummt, wenige spröde Gitarrennoten wehen noch durch die Esprit-Arena, ein fernes Echo des großen Poprauschens.

Die Offenbarung aber bleibt. Am Ende ist es eben doch nicht nur Rock 'n' Roll, doch nicht nur hohles Ritual – es ist die gute alte Zunge und ihr subversives Werk.

Lektüretipps

Babiuck, Andy, und Greg Prevost: Rolling Stones Gear. Milwaukee 2013. [Faszinierender Coffeetable-Band über das im Laufe der Jahre von den Stones benutzte Equipment inkl. kenntnisreicher Kommentierung.]

Charone, Barbara: Keith Richards – Get off of my Cloud. München 1981. [Dichtes Richards-Porträt von 1977.]

Cohen, Rich: Die Sonne, der Mond & die Rolling Stones. München 2016. [Perfekte Einsteiger-Lektüre.]

Egan, Sean: Rolling Stones and the making of Let It Bleed. London 2005. [Kenntnisreiche Analyse.]

Elliott, Martin: The Rolling Stones – Complete Recordings Session 1962–2002. London 2002. [Lückenlose und kommentierte Sessiongraphie.]

Greenfield, Robert: A Journey through America with the Rolling Stones. London, 1997. [Reportage über die legendäre US-Tour von 1972.]

Hoersch, Teddy (Hrsg.): Bravo 1956–2006. München 2006. [Detailreiche Dokumentation zu 50 Jahren *Bravo*.]

Jagger, Mick, Keith Richards, Charlie Watts, Ronnie Wood: According to the Rolling Stones. München 2003. [Die Stones-Geschichte, von ihnen selbst erzählt.]

Norman, Philip: Mick Jagger – die Biographie. München 2012. [Bislang beste Jagger-Biographie.]

Perry, John: Exile On Main St. New York 1999. [Atmosphärische Momentaufnahme der Zeit im französischen Exil.]
Richards, Keith: Life. München 2010. [Preisgekrönte Autobiographie.]
Tarlé, Dominique: Exile. London 2001. [Prachtvoller Bildband zu den Nellcôte-Sessions 1971.]
Wood, Ronnie: Ronnie. München 2008. [Autobiographie.]
Wyman, Bill: Stone Alone. München 1990. [Autobiographie.]
Wyman, Bill mit Richard Havers: Bill Wyman's Rolling Stones Story. London 2002. [Wyman erzählt die Band-Story fakten- und detailreich, dazu mehr als 300 faszinierende Fotodokumente.]

Dank

Der Teenager aus dem Eingangskapitel wurde Musikjournalist und gestaltete sein Leben nach der Idee, die ihm einst Mick, Keith, Charlie, Bill, Brian, Ian, Mick T. und Ronnie eingepflanzt haben – dafür, Jungs, gebührt Euch mein ewiger Dank!

Bei diesem Buch haben geholfen: Anabelle Assaf, Nicola Einsle, Frank Konrad, Lydia Frühm, Marc de Laporte und wie immer die Gräfin – *a smile relieves a heart that grieves.*

Und ohne die Musik wäre alles nichts.